MW00461189

La expulsión de lo distinto

Byung-Chul Han

La expulsión
de lo distinto

Percepción y comunicación
en la sociedad actual

Traducción de
Alberto Ciria

Herder

Título original: Die Austreibung des Anderen
Diseño de la cubierta: Gabriel Nunes
Traducción: Alberto Ciria

© 2016, S. Fischer Verlag GmbH, Frankfurt del Meno
© 2017, Herder Editorial, S.L., Barcelona

1.ª edición, 6.ª impresión, 2019

ISBN: 978-84-254-3965-0

Imprenta: Liberdúplex
Depósito legal: B-2695-2017

Printed in Spain – Impreso en España

Herder
www.herdereditorial.com

Índice

El terror a lo igual

Los tiempos en los que existía *el otro* se han ido. El otro como misterio, el otro como seducción, el otro como eros, el otro como deseo, el otro como infierno, el otro como dolor va desapareciendo. Hoy, la negatividad del otro deja paso a la positividad de lo igual. La proliferación de lo igual es lo que constituye las alteraciones patológicas de las que está aquejado el cuerpo social. Lo que lo enferma no es la retirada ni la prohibición, sino el exceso de comunicación y de consumo; no es la represión ni la negación, sino la permisividad y la afirmación. El signo patológico de los tiempos actuales no es la represión, es la depresión. La presión destructiva no viene del otro, proviene del interior.

La depresión como presión interna desarrolla unos rasgos autoagresivos. El sujeto que, viéndose forzado a aportar rendimientos, se vuelve depresivo en cierta manera se muele a palos o se asfixia a sí mismo. La violencia del otro no es lo único que resulta destructivo. La expulsión de lo distinto pone en marcha un proceso destructivo totalmente diferente: la *autodestrucción*. En general impera la dialéctica de la violencia: *un sistema que rechaza la negatividad de lo distinto desarrolla rasgos autodestructivos.*

A causa de su positividad, el violento poder de lo igual resulta invisible. La proliferación de lo igual se hace pasar por crecimiento. Pero a partir de un determinado momento, la producción ya no es productiva, sino destructiva; la información ya no es informativa, sino deformadora; la comunicación ya no es comunicativa, sino meramente acumulativa.

Hoy, la propia percepción asume la forma de *Binge Watching*, de «atracones de series». Eso designa el consumo de vídeos y películas sin ninguna limitación temporal. A los consumidores se les ofrece continuamente aquellas películas y series que se ajustan por entero a su gusto, es decir, que les *gustan*. Se los ceba como a ganado de consumo con lo que siempre vuelve a resultar igual. Los «atracones de series» se pueden generalizar declarándolos el modo actual de percepción. La proliferación de lo igual no es carcinomatosa, sino comatosa. No topa con ninguna defensa inmunológica. Uno se queda mirando la pantalla como un pasmado hasta perder la conciencia.

Lo que provoca la infección es la negatividad de lo distinto, que penetra en una mismidad causando la formación de anticuerpos. El infarto, por el contrario, se explica en función del exceso de lo igual, de la obesidad del sistema: no es infeccioso, sino adiposo. No se generan anticuerpos contra la grasa. Ninguna defensa inmunológica puede impedir la proliferación de lo igual.

La negatividad de lo *distinto* da forma y medida a una *mismidad*. Sin aquella se produce una proliferación de lo *igual*. Lo mismo no es idéntico a lo igual, siempre aparece emparejado con lo distinto. Por el contrario, lo igual carece del contrincante dialéctico que lo limitaría y le daría forma: crece convirtiéndose en una masa amorfa. Una mismidad tiene una forma, un recogimiento interior, una intimidad que se debe a la *diferencia con lo distinto*. Lo igual, por el contrario, es amorfo. Careciendo de tensión dialéctica, lo que surge es una yuxtaposición indiferente, una masa proliferante de lo indiscernible:

> Lo Mismo solo se deja decir cuando se piensa la diferencia. En el portar a término decisivo de lo diferenciado adviene a la luz la esencia coligante de lo mismo. Lo mismo aleja todo afán de limitarse solo a equilibrar lo diferente en lo igual. Lo mismo coliga lo diferente en una unión originaria. Lo igual, en cambio, dispersa en la insulsa unidad de lo que es uno solo por ser uniforme.[1]

1. M. Heidegger, *Conferencias y artículos*, Barcelona, Ediciones del Serbal, 1994, p. 187.

El terror de lo igual alcanza hoy todos los ámbitos vitales. Viajamos por todas partes sin tener ninguna *experiencia*. Uno se entera de todo sin adquirir ningún *conocimiento*. Se ansían vivencias y estímulos con los que, sin embargo, uno se queda *siempre igual a sí mismo*. Uno acumula amigos y seguidores sin experimentar jamás el encuentro con alguien distinto. Los medios sociales representan un grado nulo de lo social.

La interconexión digital total y la comunicación total no facilitan el encuentro con otros. Más bien sirven para encontrar personas iguales y que piensan igual, haciéndonos pasar de largo ante los desconocidos y quienes son distintos, y se encargan de que nuestro horizonte de experiencias se vuelva cada vez más estrecho. Nos enredan en un inacabable bucle del yo y, en último término, nos llevan a una «autopropaganda que nos adoctrina con nuestras propias nociones».[2]

Lo que constituye la experiencia en un sentido enfático es la negatividad de lo distinto y de la transformación. Tener una experiencia con algo significa que eso «nos concierne, nos arrastra, nos oprime o nos anima».[3] Su esencia es el *dolor*. Pero lo igual no duele. Hoy, el dolor cede paso a ese «me gusta» que prosigue con lo igual.

2. E. Pariser, *Filter Bubble. Wie wir im Internet entmündigt werden*, Múnich, Carl Hanser, 2012, p. 22.

3. M. Heidegger, *De camino al habla*, Barcelona, Ediciones del Serbal, 1987, p. 145.

La información simplemente está disponible. El saber en un sentido enfático, por el contrario, es un proceso lento y largo. Muestra una temporalidad totalmente distinta. *Madura*. La *maduración* es una temporalidad que hoy perdemos cada vez más. No se compadece con la política de los tiempos actuales, la cual, para incrementar la eficacia y la productividad, fragmenta el tiempo y elimina estructuras que son estables en el tiempo.

Incluso ese acopio máximo de informaciones que son los macrodatos dispone de un saber muy escaso. Con la ayuda de macrodatos se averiguan correlaciones. La correlación dice: si se produce A, entonces a menudo también se produce B. Pero *por qué* eso es así no se *sabe*. La correlación es la forma de saber más primitiva, ni siquiera está en condiciones de averiguar la relación causal, es decir, la concatenación de causa y efecto. *Esto es así y punto*. La pregunta por el porqué está aquí de más. Es decir, no se *comprende* nada. Pero saber es comprender. Así es como los macrodatos hacen superfluo el pensamiento. Sin darle más vueltas, nos dejamos llevar por el *esto es así y punto*.

El pensamiento tiene acceso a lo completamente distinto. Puede interrumpir lo igual. En eso consiste su carácter de acontecimiento. Calcular, por el contrario, es una inacabable repetición de lo mismo. A diferencia del pensamiento, no puede engendrar un estado nuevo. Es *ciego para los acontecimientos*. Un verdadero pensar, por el contrario, tiene carácter de acontecimiento. «Digital» en francés se dice *numé-rique*. Lo numérico hace que todo resulte *numerable* y comparable. Así es como perpetúa lo igual.

En un sentido enfático, también el conocimiento resulta transformante. Genera un nuevo estado de conciencia. Su estructura se asemeja a la de una redención. La redención hace más que resolver un problema: traslada a los necesitados de redención a un estado óntico completamente distinto.

En *Amor y conocimiento*, Max Scheler señala que, «de una forma extraña y prodigiosa», San Agustín atribuye a las plantas la necesidad

de que los hombres las contemplen, como si gracias a un conocimiento de su ser al que el amor guía ellas experimentaran algo análogo a la redención.[4]

Si una flor tuviera en sí misma su plenitud óntica, no tendría la necesidad de que la contemplaran. Es decir, tiene una carencia, una carencia óntica. La mirada amorosa, ese «conocimiento al que el amor guía», la *redime* del estado de indigencia, de modo que tal conocimiento viene a ser «análogo a la redención». *Conocimiento es redención*. El conocimiento entabla una referencia amorosa con su objeto en cuanto *distinto*. En eso se diferencia de la mera no-

4. M. Scheler, *Liebe und Erkenntnis*, Francke, Berna, 1970, p. 28 [trad. cast.: *Amor y conocimiento y otros escritos*, Madrid, Palabra, 2009].

ticia o información, que carece por completo de la dimensión de alteridad.

Al acontecimiento le es inherente una negatividad, pues engendra una relación nueva con la realidad, un mundo nuevo, una comprensión nueva de lo que *es*. Hace que de pronto todo aparezca bajo una luz totalmente distinta. Ese «olvido del ser» del que habla Heidegger no significa otra cosa que esta *ceguera hacia los acontecimientos*. Heidegger diría que hoy, el ruido de la comunicación, la *tormenta digital* de datos e informaciones, nos hace sordos para el callado retumbar de la verdad y para su *silente poder violento*: «Un estruendo: la verdad misma / se ha presentado entre los hombres, / en pleno / torbellino de metáforas».[5]

Los comienzos de la revolución digital estuvieron marcados sobre todo por proyectos utópicos. Por ejemplo, Flusser elevó la interconexión digital a la categoría de técnica de la caridad. Según esa noción, ser hombre significa estar conectado con otros. La interconexión digital debe hacer posible una experiencia peculiar de la acogida y la repercusión. Todo vibra junto:

La red vibra, es un pathos, es una resonancia. Ese es el fundamento de la telemática, esa simpatía y antipatía de la cercanía. Creo que la telemática es una técnica de la

5. P. Celan, *Obras completas*, Madrid, Trotta, 2016, p. 246.

caridad, una técnica para realizar el judeocristianismo. La telemática tiene como base la empatía. Destruye el humanismo a favor del altruismo. Ya el mero hecho de que esta posibilidad exista resulta colosal.[6]

Hoy, la red se transforma en una caja de resonancia especial, en una cámara de eco de la que se ha eliminado toda alteridad, todo lo extraño. La verdadera resonancia presupone la *cercanía* de lo distinto. Hoy, la cercanía de lo distinto deja paso a esa falta de distancia que es propia de lo igual. La comunicación global solo consiente a más iguales o a otros con tal de que sean iguales.

La cercanía lleva inscrita la lejanía como su contrincante dialéctico. La eliminación de la lejanía no genera más cercanía, sino que la destruye. En lugar de cercanía, lo que surge es una falta total de distancia. Cercanía y lejanía están entretejidas. Una tensión dialéctica las mantiene en cohesión. Esa tensión consiste en que es justamente lo contrario de las cosas, lo distinto de ellas mismas lo que les infunde vida. Una mera positividad, así como la falta de distancia, carecen de esta fuerza vivificante. La cercanía y la lejanía se median dialécticamente igual que lo mismo y lo distinto. Ni la falta de distancia ni lo igual contienen vida.

---

6. V. Flusser, *Kommunikologie weiter denken. Die Bochumer Vorlesungen*, Frankfurt del Meno, Fischer, 2009, p. 251.

Esa falta de distancia que es propia de lo digital elimina todas las modalidades de la cercanía y la lejanía. Todo queda igual de cerca e igual de lejos.

> Rastro y aura. El rastro es la manifestación de una cercanía, por muy lejos que pueda estar aquello que lo deja. El aura es la manifestación de una lejanía, por muy cerca que pueda estar aquello que la irradia.[7]

Al aura le es inherente la negatividad de lo distinto, de lo ajeno, del enigma. La sociedad digital de la transparencia elimina el aura y desmitifica el mundo. La hipercercanía y la sobreiluminación, en cuanto el efecto general que provoca la pornografía, destruyen toda lejanía aureolar, la cual constituye también lo erótico.

En la pornografía todos los cuerpos se asemejan. También se descomponen en partes corporales iguales. Despojado de todo lenguaje, el cuerpo queda reducido a lo sexual, que no conoce ninguna diferencia aparte de la sexual. El cuerpo pornográfico ha dejado de ser escenario, «teatro suntuoso», «la fabulosa superficie de inscripción de los sueños y las divinidades».[8] No narra nada. No seduce. La porno-

---

7. W. Benjamin, *Das Passagen-Werk, Gesammelte Schriften*, vol. V.1, Frankfurt del Meno, Suhrkamp, 1998, p. 560 [trad. cast.: *Obra de los pasajes*, libro V/vol. 1, Madrid, Abada, 2013].

8. J. Baudrillard, *El otro por sí mismo*, Barcelona, Anagrama, 1997, p. 41.

grafía lleva a cabo una eliminación de la narrativización y de la expresión lingüística, ya no solo del cuerpo, sino de la comunicación en general. En eso consiste su obscenidad. No es posible *jugar* con la carne desnuda. El juego necesita una *apariencia*, una *falacia*. La verdad desnuda y pornográfica no permite ningún juego, ninguna seducción. También la sexualidad, si se la toma como prestación, reprime toda modalidad lúdica. Se vuelve totalmente maquinal. El imperativo neoliberal de rendimiento, atractivo y buena condición física acaba reduciendo el cuerpo a un objeto funcional que hay que optimizar.

La proliferación de lo igual es una «plenitud en la que solo se transparenta el vacío».[9] La expulsión de lo distinto genera un *adiposo vacío de plenitud*. Esa hipervisibilidad, esa hipercomunicación, esa hiperproducción, ese hiperconsumo que conducen a un rápido estancamiento de lo igual resultan obscenos. El «enlace de lo igual con lo igual»[10] es obsceno. La seducción, por el contrario, es la «capacidad de arrancarle a lo igual lo que tiene de igual», de hacer que diverja de sí mismo.[11] El sujeto de la seducción es el *otro*. Su modo es el *juego* en cuanto modo opuesto al del rendimiento y la producción. Hoy, incluso el juego mismo se transforma en un modo de producción: el trabajo pasa a ser un *game*.

9. *Íd.*, *Las estrategias fatales*, Barcelona, Anagrama, 1984, p. 53.
10. *Ibíd.*, p. 60.
11. *Ibíd.*, p. 61.

Anomalisa, la película estadounidense de animación realizada por Charlie Kaufmann, refleja con crudeza el actual infierno de lo igual. La película podría haberse titulado *La nostalgia de lo distinto* o *Alabanza del amor*. En el infierno de lo igual ya no resulta posible ningún *anhelo de lo distinto*. El protagonista, Michael Stone, es un prestigioso autor y orientador motivacional. Su obra más exitosa se titula *¿Cómo puedo ayudarte a ayudarlos?* Un típico asesor del mundo neoliberal. En todas partes celebran su libro porque incrementa considerablemente la productividad.

A pesar de su éxito, Michael cae en una grave crisis existencial. Se ve solitario, aburrido, desilusionado, desorientado, perdido en una sociedad de consumo y rendimiento vacía de sentido, monótona y pulimentada. En ella todos los hombres tienen un rostro igual y hablan con una voz igual. La voz del taxista, de la cocinera o del gerente del hotel es idéntica a la de su esposa o a las de sus antiguas amantes. El rostro de un niño no se distingue del de una persona mayor. Los clones pueblan un mundo en el que, paradójicamente, todos pretenden ser distintos de los demás.

Michael va a Cincinnati a dar una conferencia. En el hotel oye una voz de mujer que suena totalmente distinta. Llama a la puerta de la habitación en la que supone que está ella. La encuentra. Para sorpresa suya, ella lo reconoce: ha viajado hasta Cincinnati para asistir a su conferencia. Se llama Lisa. No solo tiene una voz distinta, sino también un rostro distinto. Pero ella se considera a sí misma fea, porque su rostro difiere del rostro optimizado y uniforme de los demás. También es rolliza y tiene una cicatriz en la mejilla que trata de ocultar con su pelo. Michael se enamora de ella, de su voz distinta, de su alteridad, de su anomalía. En el éxtasis amoroso la llama «Anomalisa». Pasan la noche juntos. En una pesadilla, a Michael lo persiguen unas empleadas del hotel que parecen iguales y que quieren tener sexo con él. Atraviesa un infierno de lo igual.

Mientras está desayunando con ella, para horror suyo la voz de Lisa se asemeja cada vez más a esa voz uniforme que tienen todos. Regresa a casa. Por todas partes el desierto de lo igual. Su familia y sus amigos lo reciben. Pero él no puede diferenciarlos. Todos son iguales entre sí. Totalmente desconcertado se sienta frente a una vieja muñeca sexual japonesa que ha comprado para su hijo en una tienda de artículos sexuales. Ella tiene la boca muy abierta, solícitamente dispuesta a hacer una felación.

En la última escena, Lisa confirma su amor a Michael, como si viniera de un mundo que parece haber sido liberado del hechizo de lo igual y en el que cada uno recobra su propia voz y su propio rostro. Lisa cuenta de pasada que, en japonés, Anomalisa significa «diosa del cielo». Anomalisa es el otro por antonomasia que nos redime del infierno de lo igual. Ella es *el otro en cuanto eros*.

En aquel infierno de lo igual los hombres no son otra cosa que muñecos manejados a distancia. Por eso es lógico que la película no se rodara con actores, sino con muñecos. Las fisuras delatoras en su rostro le permiten adivinar a Michael que él mismo no es más que un muñeco. En una escena se le desprende una pieza del rostro. Sostiene en la mano la pieza bucal que se ha desprendido y que empieza a parlotear automáticamente. Se horroriza de ser un muñeco. Las palabras de Büchner podrían haber servido muy bien como lema de la película: «Somos muñecos cuyos alambres mueven unos poderes desconocidos. ¡No somos nosotros mismos! ¡No somos nada!».

El violento poder de lo global y el terrorismo

A la globalización le es inherente una violencia que hace que todo resulte intercambiable, comparable y, por ende, igual. La comparación *igualatoria* total conduce, en último término, a una pérdida de sentido. El sentido es algo incomparable. Lo monetario no otorga por sí mismo sentido ni identidad. La violencia de lo global como violencia de lo igual destruye esa negatividad de lo distinto, de lo singular, de lo incomparable que dificulta la circulación de información, comunicación y capital. Donde dicha circulación alcanza su velocidad máxima es precisamente donde lo igual topa con lo igual.

Ese violento poder de lo global que todo lo nivela reduciéndolo a lo igual y que erige un infierno de lo igual, genera una contrafuerza destructiva. Jean Baudrillard señaló que la vesania de la globalización engendra terroristas a modo de dementes. Según eso, el penal de Guantánamo sería el equivalente a los manicomios y las cárceles de aquella sociedad disciplinaria y represiva que, por su parte, engendra delincuentes y psicópatas.

Con el terrorismo ha sucedido algo que, yendo más allá de la intención inmediata de los actores, apunta a unas convulsiones sistemáticas. Lo que mueve a los hombres al terrorismo no es lo religioso en sí, sino más bien la resistencia del singular frente al violento poder de lo global. Por eso, esa lucha contra el terrorismo que se centra en determinadas regiones y en determinados grupos de personas es una desesperada acción sustitutiva. Incluso la expulsión del enemigo encubre el verdadero problema, que tiene una causa sistemática. Lo que engendra el terrorismo es el terror de lo global mismo.

El violento poder de lo global barre todas las singularidades que no se someten al intercambio general. El terrorismo es el terror del singular enfrentándose al terror de lo global. La muerte, que no se somete a ningún intercambio, es lo singular por antonomasia. Con el terrorismo, la muerte irrumpe brutalmente en el sistema, en el cual la vida se totaliza como producción y rendimiento. La muerte es el final de la producción. La glorificación de la muerte por parte de los terroristas y esa actual histeria con la salud que trata de prolongar la vida como mera vida a cualquier precio se suscitan mutuamente. Sobre esta conexión sistemática repara la sentencia de

Al-Qaeda: «Vosotros amáis la vida, nosotros amamos la muerte».

Baudrillard señala la peculiaridad arquitectónica de las Torres Gemelas, que ya en 1993 fueron el objetivo de atentados terroristas islámicos. Mientras que los rascacielos del Rockefeller Center reflejan la ciudad y el cielo sobre sus fachadas de vidrio y acero, las Torres Gemelas no implicaban ninguna referencia externa, ninguna relación con lo otro. Los dos edificios gemelos, iguales entre sí y que se reflejan mutuamente, constituyen un sistema cerrado en sí mismo. Imponen lo *igual*, excluyendo por completo lo distinto. El atentado terrorista abrió brechas en este *sistema* global *de lo igual*.

El nacionalismo que hoy vuelve a despertar, la nueva derecha o el movimiento identitario son asimismo reacciones reflejas al dominio de lo global. Por eso no es casualidad que los seguidores de la nueva derecha no solo sean xenófobos, sino también críticos del capitalismo. Tanto esa alabanza nacionalista y romántica de la frontera como el terrorismo islámico obedecen al mismo esquema de reacción en vista de lo global.

El neoliberalismo engendra una injusticia masiva de orden global. La explotación y la exclusión son constitutivas de él. Construye un «apóptico», una construcción basada en una «óptica excluyente» que identifica como indeseadas y excluye por tales a las personas enemigas del sistema o no aptas para él. El panóptico sirve para el disciplinamiento, mientras que el apóptico se encarga de la seguridad. Incluso dentro de la zona de bienestar occidental el neoliberalismo recrudece la desigualdad social. En último término, elimina la economía de mercado social.

Alexander Rüstow, quien acuñó el concepto de «neoliberalismo», constató que si la sociedad se encomienda únicamente a la ley mercantil neoliberal se deshumaniza cada vez más y genera convulsiones sociales. Por eso señala que hay que completar el neoliberalismo con una «política vital» que siembre solidaridad y civismo. Sin esta rectificación del neoliberalismo a cargo de la «política vital» surgen unas masas inseguras, que actúan movidas por el miedo y que se dejan captar fácilmente por fuerzas nacionalistas étnicas.

El miedo por el futuro propio se trueca aquí en xenofobia. El miedo por sí mismo no solo se manifiesta como xenofobia, sino también como odio a sí mismo. La sociedad del miedo y la sociedad del odio se promueven mutuamente.

Las inseguridades sociales, unidas a la desesperación y a un futuro sin perspectivas, constituyen el caldo de cultivo para las fuerzas terroristas. El sistema neoliberal cultiva directamente estos elementos destructivos, que solo a primera vista parecen opuestos a él. En realidad, el terrorista islámico y el nacionalista étnico no son enemigos, están hermanados, pues comparten una genealogía común.

El dinero es un mal transmisor de identidad. Sin embargo, puede reemplazarla, pues el dinero proporciona a quien lo posee al menos una sensación de seguridad y de tranquilidad. Por el contrario, quien ni siquiera tiene un poco de dinero no tiene nada: ni identidad ni seguridad. Así, forzosamente se evade a lo imaginario, por ejemplo a la idiosincrasia de un pueblo, la cual pone rápidamente a disposición una identidad. Al mismo tiempo se inventa un *enemigo*, por ejemplo el islam. Es decir, a través de unos canales imaginarios levanta unas *inmunidades* para alcanzar una identidad que otorga sentido. El *miedo por sí mismo* hace que inconscientemente se provoque la nostalgia de un enemigo. El enemigo es, aunque de forma imaginaria, un proveedor de identidad:

> El enemigo es nuestra propia pregunta como figura. Por este motivo tengo que confrontarme con él combatiendo, para así obtener mi medida propia, mi frontera propia, mi figura propia.[12]

Lo imaginario compensa una carencia en la realidad. También los terroristas habitan lo imaginario. Lo global hace que surjan unos espacios imaginarios que promueven una violencia real.

12. C. Schmitt, *Theorie des Partisanen. Zwischenbemerkung zum Begriff des Politischen*, Berlín, Duncker & Humboldt, 1963, pp. 87 s. [trad. cast.: *Teoría del partisano*, Madrid, Trotta, 2013].

El violento poder de lo global debilita al mismo tiempo las defensas inmunitarias, pues estas estorban la circulación global acelerada de información y de capital. Precisamente ahí donde los umbrales inmunitarios son muy bajos el capital fluye mucho más rápido.

Dentro de ese orden de lo global que hoy es hegemónico y que totaliza lo igual en realidad solo existen *más iguales* u *otros que son iguales*. No es en esas vallas fronterizas que se han levantado recientemente donde se despierta la *imaginación creadora de fantasías referidas a otros*. Ante tales vallas, la imaginación se queda estupefacta y sin habla.

En realidad, los inmigrantes y los refugiados no nos resultan *distintos*, no nos resultan *ajenos*, no son unos extraños a causa de los cuales se sienta una amenaza real, un verdadero miedo. Ese miedo solo existe en la imaginación. Los inmigrantes y los refugiados se perciben más bien como una carga. Lo que se siente hacia ellos cuando se los considera como posibles vecinos es resentimiento y envidia, unos sentimientos que, a diferencia del temor, el miedo y el asco no son una auténtica reacción inmunológica. Las masas xenófobas están contra los norteafricanos, pero luego pasan las vacaciones con todos los gastos pagados en sus países.

Para Baudrillard, la violencia de lo global es carcinomatosa. Se propaga como «células cancerígenas [...] a través de una proliferación inacabable de pólipos y de metástasis».[13] Baudrillard explica lo global con ayuda del modelo inmunológico: «No es casualidad que hoy se hable tanto de inmunidad, de anticuerpos, de trasplante y de rechazo».[14] El virulento poder de lo global es una «violencia viral, la violencia de las redes y de lo virtual».[15] La virtualidad es viral. Resulta problemática esta descripción inmunológica de la interconexión. Las inmunidades ocluyen la circulación de información y comunicación. El «me gusta» no es una reacción inmunológica. El virulento poder de lo global, en cuanto violencia de la positividad, es *posinmunológico*. Baudrillard no se da cuenta de este cambio de paradigma constitutivo del orden digital y neoliberal. Las inmunidades forman parte del orden terrenal. La sentencia de Jenny Holzer «protegedme de aquello que quiero» hace ver justamente el carácter posinmunológico de la violencia de la positividad.

El «contagio», la «implantación», la «expectoración» y los «anticuerpos» no explican el exceso actual de la hipercomunicación y de información. La demasía de lo igual puede provocar vómitos, pero la regurgitación no proviene de una sensación de asco que se refiera al distinto, al extraño. El asco es un «estado de excepción, una crisis aguda de au-

13. J. Baudrillard, *Der Geist des Terrorismus*, Viena, Passagen, 2002, p. 54.

14. Íd., *La transparencia del mal*, Barcelona, Anagrama, 1991, p. 82.

15. Íd., *Der Geist des Terrorismus*, *op. cit.*, p. 54.

toafirmación frente a una alteridad inasimilable».[16]
Es precisamente la falta de negatividad de lo distinto lo que provoca síntomas como la bulimia, los «atracones de series» o la «sobreingesta compulsiva». No son virales. Más bien se explican en función de esa violencia de la positividad que es inasequible a toda defensa inmunitaria.

El neoliberalismo es cualquier cosa menos el punto final de la Ilustración. No lo guía la razón. Precisamente su vesania provoca unas tensiones destructivas que se descargan en forma de terrorismo y nacionalismo. La libertad de la que hace gala el neoliberalismo es propaganda. Lo global acapara hoy para sí incluso valores universales. Así, incluso se explota la libertad. Uno se explota voluntariamente a sí mismo figurándose que se está realizando. Lo que maximiza la productividad y la eficiencia no es la opresión de la libertad, sino su explotación. Esa es la pérfida lógica fundamental del neoliberalismo.

En vista del virulento poder de lo global se trata de proteger lo universal para que no quede acaparado por lo global. Por eso es necesario hallar un orden universal que también se abra a lo singular. Aquello singular que irrumpe con violencia en el sistema de lo global no es el otro distinto, el cual permitiría un diálogo. En esa imposibilidad de dia-

16. W. Menninghaus, *Ekel. Theorie und Geschichte einer starken Empfindung*, Frankfurt del Meno, Suhrkamp, 1966, p. 190.

logar que constituye el terrorismo radica su carácter diabólico. Lo singular renunciaría a su carácter diabólico únicamente en un estado reconciliado en el que lo lejano y distinto se quedara en una cercanía otorgada.[17]

La «paz perpetua» de la que habla Kant no es otra cosa que un estado de reconciliación. Se basa en valores *universales* que la razón se asigna a sí misma. Según Kant, se puede forzar a instaurar la paz también mediante aquel «espíritu comercial» que «es incompatible con la guerra y que, más tarde o más temprano, se acaba apoderando de todo pueblo».[18] Pero tiene un plazo fijado y no es eterno. Lo único que por sí mismo puede forzar a instaurar la paz es el «poder del dinero». Pero el comercio global es una guerra con otros medios. Ya en el *Fausto* de Goethe se dice: «Preciso fuera que nada supiese yo de navegación: / guerra, comercio y piratería son tres cosas en una, / imposibles de separar».

El virulento poder de lo global provoca que haya muertos y refugiados como si fuera una auténtica guerra mundial. Esa paz que el espíritu comer-

17. Cf. T. W. Adorno, *Negative Dialektik*, Frankfurt del Meno, Suhrkamp, 1966, p. 190 [trad. cast.: *Dialéctica negativa*, Madrid, Akal, 2005].

18. I. Kant, «Zum ewigen Frieden. Ein philosophischer Entwurf», en *Werke in 10 Bänden*, Darmstadt, Wissenschaftliche Buchgesellschaft, 1983, vol. 9, p. 226 [trad. cast.: *La paz perpetua*, Madrid, Tecnos, 2013].

cial fuerza a instaurar no solo tiene fijado un plazo, también está delimitada espacialmente. La zona de bienestar, es más, la isla de bienestar, siendo un apóptico o una construcción basada en una óptica excluyente, está rodeada de vallas fronterizas, de campos de refugiados y de escenarios bélicos. Kant no se dio cuenta del carácter diabólico, de la irracionalidad del espíritu comercial. Su enjuiciamiento resultó tenue. Suponía que dicho espíritu comercial instauraría una paz «prolongada». Pero esta paz no es más que una apariencia. El espíritu comercial solo está dotado de un entendimiento calculador. Carece de toda razón. Por eso es irracional aquel sistema al que solo domina el espíritu comercial y el poder del dinero.

Precisamente la actual crisis de los refugiados revela que la Unión Europea no es más que una unión económica comercial que busca el provecho propio. La Unión Europea como zona europea de libre comercio, como comunidad contractual entre los gobiernos con sus respectivos intereses estatales y nacionales, no sería para Kant una construcción racional, una «alianza de los pueblos» guiada por la razón que se comprometiera a defender valores *universales* como la dignidad humana.

La idea kantiana de una paz perpetua fundada por la razón alcanza su punto culminante con la exigencia de una «hospitalidad» sin condiciones. Con arreglo a eso, todo extranjero tiene derecho de estancia en otro país. Puede pasar un tiempo ahí sin sufrir reacciones xenófobas «mientras se comporte pacíficamente en su sitio». Según Kant, nadie tiene «más derecho que otro a estar en un lugar de la Tierra». La hospitalidad no es una noción utópica, sino una idea vinculante de la razón:

> Como en los artículos anteriores, aquí no se está hablando de filantropía, sino de derecho, y entonces hospitalidad (ser acogedor) significa el derecho que un extranjero tiene a que los demás no lo traten xenófobamente por el hecho de haber llegado a sus tierras.

La hospitalidad no es

> una manera fantasiosa ni exagerada de imaginarse el derecho, sino una aportación necesaria que viene del código no escrito para completar tanto el derecho estatal como el derecho internacional convirtiéndolos en derecho humano público, para de este modo instaurar la paz perpetua, y solo bajo esta condición uno puede gloriarse de hallarse en una continua aproximación a ella.[19]

La hospitalidad es la máxima expresión de una razón universal que ha tomado conciencia de sí misma. La razón no ejerce un poder homogeneizador. Gra-

19. *Ibíd.*, p. 213.

cias a su *amabilidad* está en condiciones de reconocer al otro en su alteridad y de darle la bienvenida. *Amabilidad significa libertad.*

La idea de hospitalidad ostenta también algo universal más allá de la razón. Para Nietzsche es expresión del alma «sobreabundante». Está en condiciones de albergar en sí todas las singularidades:

> ¡Y que aquí me sea bienvenido todo lo que está en devenir, lo que anda errante, lo que va buscando, lo que es fugaz! De ahora en adelante la hospitalidad será mi única amistad.[20]

La hospitalidad promete reconciliación. Estéticamente, se manifiesta como belleza:

> Siempre acabaremos siendo recompensados por nuestra buena voluntad, por nuestra paciencia, por nuestra equidad, por nuestra ternura hacia lo extraño, despojándose lo extraño lentamente de su velo y presentándose como una nueva belleza indecible: ese es su agradecimiento por nuestra hospitalidad.[21]

20. F. Nietzsche, *Nachgelassene Fragmente Juli 1882-Winter 1883-1884, Kritische Gesamtausgabe VII1*, Berlín, de Gruyter, 1977, p. 88 [trad. cast.: *Fragmentos póstumos (1882-1885)*, vol. III, Madrid, Tecnos, 2010].

21. Íd., *Die fröhliche Wissenschaft, Kritische Gesamtausgabe V2*, Berlín, de Gruyter, 1973, p. 240 [trad. cast.: *La gaya ciencia*, Madrid, Tecnos, 2016].

La política de lo bello es la política de la hospitalidad. La xenofobia es odio y es fea. Es expresión de la falta de razón universal, un indicio de que la sociedad todavía se encuentra en un estado irreconciliado. El grado civilizatorio de una sociedad se puede medir justamente en función de su hospitalidad, es más, en función de su *amabilidad. Reconciliación significa amabilidad.*

El terror de la autenticidad

Hoy se habla mucho de autenticidad. Como toda publicidad del neoliberalismo, se presenta con un atavío emancipador. Ser auténtico significa haberse liberado de pautas de expresión y de conducta preconfiguradas e impuestas desde fuera. De ella viene el imperativo de ser igual solo a sí mismo, de definirse únicamente por sí mismo, es más, de ser autor y creador de sí mismo.

El imperativo de autenticidad desarrolla una obligación para consigo mismo, una coerción a cuestionarse permanentemente a sí mismo, a vigilarse a sí mismo, a estar al acecho de sí mismo, a asediarse a sí mismo. Con ello intensifica la referencia narcisista.

El imperativo de autenticidad fuerza al yo a *producirse a sí mismo*. En último término, la autenticidad es la forma neoliberal de producción del yo. Convierte a cada uno en productor de sí mismo. El yo como empresario de sí mismo *se produce, se representa* y *se ofrece* como mercancía. La autenticidad es un argumento de venta.

El esfuerzo por ser auténtico y por no asemejarse a nadie más que a sí mismo desencadena una comparación permanente con los demás. La lógica de comparar *igualando* provoca que la alteridad se trueque en igualdad. Así es como la autenticidad de la alteridad consolida la conformidad social. Solo consiente aquellas diferencias que son conformes al sistema, es decir, la diversidad. Como término neoliberal, la diversidad es un recurso que se puede explotar. De esta manera se opone a la *alteridad*, que es reacia a todo aprovechamiento económico.

Hoy todo el mundo quiere ser distinto a los demás. Pero en esta voluntad de ser distinto prosigue lo igual. Aquí nos hallamos ante una conformidad potenciada. La igualdad se afirma por medio de la alteridad. La autenticidad de la alteridad impone la conformidad incluso de manera más eficiente que la homologación represiva. Esta es mucho más frágil que aquella.

A Sócrates sus discípulos que lo aman lo llaman *atopos*. El otro a quien deseo está *desubicado*. No tolera ninguna comparación. En *Fragmentos de un discurso amoroso*, Roland Barthes escribe sobre la atopía del otro: «Atópico, el otro hace temblar el lenguaje: no se puede hablar *de* él, *sobre* él; todo atributo es falso, doloroso, torpe, mortificante».[22] Como objeto de deseo, Sócrates es incomparable y singular. La singularidad es algo totalmente distinto que la autenticidad. La autenticidad presupone la comparabilidad. Quien es auténtico, es distinto a los demás. Pero Sócrates es *atopos*, incomparable. No solo es distinto a los demás, es distinto de todo lo que es distinto a los demás.

La cultura de la constante comparación igualatoria no consiente ninguna negatividad del *atopos*. Todo lo vuelve comparable, es decir, igual. Con ello resulta imposible la experiencia del otro atópico. La sociedad del consumo aspira a eliminar la alteridad atópica en favor de las diferencias consumibles, heterotópicas. Frente a la alteridad atópica, la diferencia es una positividad. El terror de la autenticidad como forma neoliberal de producción y de consumo elimina la alteridad atópica. La negatividad de lo completamente distinto cede a la positividad de lo igual, de lo *otro que es igual*.

Como estrategia neoliberal de producción, la autenticidad genera diferencias comercializables. Con ello multiplica la pluralidad de las mercancías con las que se materializa la autenticidad. Los individuos expresan su autenticidad sobre todo mediante el consumo. El imperativo de la autenticidad no conduce

22. R. Barthes, *Fragmentos de un discurso amoroso*, México, Siglo XXI, 1982, p. 32.

a la formación de un individuo autónomo y sobe-rano. Lo que sucede es, más bien, que el comercio lo acapara por completo.

El imperativo de la autenticidad engendra una coerción narcisista. No es lo mismo el narcisismo que el sano amor a sí mismo, que no tiene nada de patológico. No excluye el amor al otro. El narcisis-ta, por el contrario, es ciego a la hora de ver al otro. Al otro se lo retuerce hasta que el ego se reconoce en él. El sujeto narcisista solo percibe el mundo en las matizaciones de sí mismo. La consecuencia fatal de ello es que el otro desaparece. La frontera entre el yo y el otro se difumina. Difundiéndose el yo, se vuelve difuso. El yo se ahoga en sí mismo. Un yo estable, por el contrario, solo surge en presencia del otro. La autorreferencia excesiva y narcisista, por el contrario, genera una sensación de vacío.

Hoy, las energías libidinosas se invierten sobre todo en el yo. La acumulación narcisista de libido hacia el yo conduce a una eliminación de la li-bido dirigida al objeto, es decir, de la libido que contiene el objeto. La libido hacia el objeto crea un vínculo con él que, como contrapartida, da estabi-lidad al yo. La acumulación narcisista de libido hacia el yo pone enfermo. Genera sentimientos negativos como el miedo, la vergüenza, la culpa y el vacío:

Pero muy diverso es el caso cuando un determinado proceso, muy violento, es el que obliga a quitar la libido de los objetos. La libido, convertida en narcisista, no puede entonces hallar el camino de regreso hacia los objetos, y es este obstáculo a su movilidad lo que pasa a ser patógeno. Parece que la acumulación de la libido narcisista no se tolera más allá de cierta medida.[23]

El miedo surge cuando ya no quedan objetos a los que pueda dirigirse la libido. A causa de ello el mundo se vuelve vacío y carente de sentido. Como faltan vinculaciones con los objetos, el yo es rechazado de vuelta hacia sí mismo. Se quebranta al topar consigo mismo. La depresión se explica en función de una acumulación narcisista de libido hacia sí mismo.

Freud aplica su teoría de la libido incluso a la biología. Las células que solo se comportan de manera narcisista, a las cuales les falta el eros, resultan peligrosas para la supervivencia del organismo. Para la supervivencia de las células se necesitan también aquellas otras que se comportan de manera altruista o que incluso se sacrifican por otras:

Quizá habría que declarar narcisistas, en este mismo sentido, a las células de los neoplasmas malignos que destruyen el organismo; en efecto, la patología está preparada para considerar congénitos sus gérmenes y atribuirles propiedades embrionarias. De tal suerte, la

23. S. Freud, «Conferencias de introducción al psicoanálisis (Parte III) (1916-1917)», en *Obras completas*, *XVI*, Buenos Aires, Amorrortu, 1978, p. 383.

libido de nuestras pulsiones sexuales coincidiría con el eros de los poetas y filósofos, el eros que cohesiona todo lo viviente.[24]

El eros es lo único que da vida al organismo. Eso se puede decir también de la sociedad. El narcisismo exagerado la desestabiliza.

Esa falta de autoestima que es la causante de autolesiones, lo que se da en llamar conducta autolesiva, apunta a una crisis general de gratificación en nuestra sociedad. Yo no puedo producir por mí mismo el sentimiento de autoestima. En efecto, el otro me resulta imprescindible en cuanto instancia de gratificación que me ama, me encomia, me reconoce y me aprecia. El aislamiento narcisista del hombre, la instrumentalización del otro y la competencia total destruyen el clima de gratificación. Desaparece la mirada que confirma y reconoce. Para una autoestima estable me resulta imprescindible la noción de que soy importante para otros, que hay otros que me aman. Esa noción podrá ser difusa, pero es indispensable para la sensación de *ser* importante. Precisamente esta falta de sensación de ser es la causante de las autolesiones. La conducta autolesiva no solo es un ritual de autocastigo por esas insuficiencias propias que son tan típicas de la actual sociedad del

24. *Íd.*, «Más allá del principio de placer. Psicología de las masas y análisis del yo, y otras obras (1920-1922)», en *Obras completas*, XVI, Buenos Aires, Amorrortu, 1979, p. 49.

rendimiento y la optimización, también viene a ser un grito demandando amor.

La sensación de vacío es un síntoma fundamental de la depresión y del trastorno límite de la personalidad o *borderline*. A menudo, quienes padecen trastorno límite de la personalidad no están en condiciones de sentirse a sí mismos. En general, solo cuando se autolesionan sienten algo. El sujeto que tras verse obligado a aportar rendimientos se vuelve depresivo representa para sí mismo una carga muy pesada. Está cansado de sí mismo. Totalmente incapaz de liberarse de sí, se obsesiona consigo mismo, lo cual conduce paradójicamente al vaciamiento y a la merma del yo. Encapsulado y atrapado en sí mismo, pierde toda relación con lo distinto. Yo me puedo tocar a mí mismo, pero solo me siento a mí mismo gracias al contacto con el otro. El otro es constitutivo de la formación de un yo estable.

De la sociedad actual es característica la eliminación de toda negatividad. Todo se pulimenta y satina. Incluso la comunicación se satina hasta convertirla en un intercambio de complacencias. A sentimientos negativos como el duelo se les deniega todo lenguaje, toda expresión. Se evita toda forma de vulneración a cargo de otros, pero luego resurge como autolesión. También aquí se confirma esa lógica universal de que la expulsión de la negatividad de lo distinto acarrea un proceso de autodestrucción.

Según Alain Ehrenberg, el éxito de la depresión se basa en la pérdida de la relación con el conflicto. La actual cultura del rendimiento y la optimización no tolera que se invierta trabajo en un conflicto, pues tal trabajo requiere mucho tiempo. El actual sujeto que se ve obligado a aportar rendimientos solo conoce dos estados: funcionar o fracasar. En ello se asemeja a las máquinas. Tampoco las máquinas conocen ningún conflicto: o bien funcionan impecablemente, o bien están estropeadas.

Los conflictos no son destructivos. Muestran un aspecto constructivo. Las relaciones e identidades estables solo surgen de los conflictos. La persona crece y madura trabajando en los conflictos. Lo seductor de la conducta autolesiva es que elimina rápidamente tensiones destructivas acumuladas sin invertir en el conflicto ese trabajo que tanto tiempo requiere. La rápida descarga de tensión se atribuye a procesos químicos. El propio organismo segrega drogas corporales. Su modo de funcionamiento se asemeja al de los antidepresivos. También los antidepresivos reprimen los estados conflictivos y hacen que aquel sujeto que por verse obligado a aportar rendimientos había caído en depresiones sea rápidamente capaz de funcionar de nuevo.

La adicción a los *selfies* no tiene mucho que ver con el sano amor a sí mismo: no es otra cosa que la marcha en vacío de un yo narcisista que se ha quedado solo. En vista del vacío interior uno trata en vano de *producirse a sí mismo*. Pero lo único que se reproduce es el vacío. Los *selfies* son el yo en formas vacías. La adicción a los *selfies* intensifica la sensación de vacío. Lo que lleva a tal adicción no es el sano amor a sí mismo, sino una autorreferencia narcisista. Los *selfies* son bellas superficies lisas y satinadas de un yo vaciado y que se siente inseguro. Para escapar del atormentante vacío hoy se echa mano o bien de la cuchilla de afeitar o bien del Smartphone. Los *selfies* son superficies lisas y satinadas que ocultan por breve tiempo el yo vacío. Pero si se les da la vuelta, uno se topa con reversos recubiertos de heridas y sangrantes. Las heridas son el reverso de los *selfies*.

¿Podría ser que el atentado suicida fuera el perverso intento de sentirse a sí mismo, de restablecer la autoestima destruida, de eliminar el apesadumbrante vacío a base de bombas o de disparos? ¿Se podría comparar la psicología del terror con la del *selfie* y la de la autolesión, que también arremeten contra el yo vacío? ¿Podría ser que los terroristas compartieran el mismo cuadro psíquico de los adolescentes que se autolesionan, es decir, que dirigen su agresión contra sí mismos? Como es sabido, los adolescentes varones, a diferencia de las adolescentes, dirigen su agresión hacia fuera, hacia otros. El atentado suicida sería entonces una acción paradójica en la que coincidirían la autoagresión y la agresión a otro, la autoproducción y la autodestrucción, una agresión potenciada que, sin embargo, se *ima-*

gina al mismo tiempo como un *selfie* de última generación. El pulsado del botón que hace que la bomba estalle se asemeja al pulsado del disparador de la cámara de fotos. Los terroristas habitan en lo imaginario, porque la realidad, que está hecha de discriminación y desesperanza, ya no merece la pena ser vivida. La realidad les rehúsa toda gratificación. Así, se acogen a Dios como instancia imaginaria de gratificación, y además están por completo seguros de que, inmediatamente después de su acto, su foto circulará en masa por los medios como si fuera una especie de *selfie*. El terrorista es un Narciso con un cinturón detonante que lo hace particularmente auténtico. No deja de tener razón Karl-Heinz Bohrer cuando, en su ensayo *Autenticidad y terror*, constata que el terrorismo es un acto último de autenticidad.[25]

25. Cf. K.-H. Bohrer, «Authentizität und Terror», en *Nach der Natur. Über Politik und Ästhetik*, Múnich, Carl Hanser, 1988, p. 62.

Miedo

El miedo tiene etiologías muy diversas. Lo que suscita el miedo es, en primer lugar, lo extraño, lo siniestro e inhóspito, lo desconocido. El miedo presupone la negatividad de lo completamente distinto. Según Heidegger, el miedo se produce en vista de una *nada* que se experimenta como lo completamente distinto de los entes. La negatividad, lo enigmático de la nada nos resulta hoy ajeno, porque el mundo, como si fuera unos grandes almacenes, está repleto de entes.

En *Ser y tiempo* el miedo surge cuando el «hogar de la esfera pública», de la «interpretación pública», es decir, el edificio de las pautas de percepción y comportamiento cotidianas y familiares, se desmorona dando paso a lo «inhóspito».

El miedo arranca a la «existencia» —que es como Heidegger designa ontológicamente al hombre— de la «cotidianidad» familiar y habitual, de la conformidad social.[26] Con el miedo, la existencia se confronta con lo siniestro y desapacible.

El «uno impersonal» encarna la conformidad social. Nos prescribe cómo debemos vivir, actuar, percibir, pensar, juzgar:

> Disfrutamos y nos divertimos como *se* disfruta; leemos, vemos y juzgamos sobre literatura y arte como *se* ve y *se* juzga. […] encontramos «indignante» lo que *uno* encuentra indignante.[27]

La dictadura del «uno impersonal» enajena la existencia de su posibilidad más propia de ser, de la autenticidad:

> Con esta forma de compararse con todo «comprendiéndolo» todo y quedándose así tranquilizada, la existencia se encamina hacia una enajenación en la que le queda oculta su posibilidad más propia de ser.[28]

El derrumbe del horizonte familiar de comprensión causa miedo. Solo con el miedo se le abre a la existencia la posibilidad de su poder ser más propio.

Lo que hoy impera no es esa *uniformidad* de «todos los demás igual que los demás» que caracteriza

26. M. Heidegger, *Sein und Zeit*, Tubinga, Niemeyer, 1977, p. 189 [trad. cast.: *Ser y tiempo*, Madrid, Trotta, 2003].
27. *Ibíd.*, p. 126.
28. *Ibíd.*, p. 178.

al «uno impersonal». Dicha *uniformidad* deja paso a la *diversidad* de opiniones y opciones. La diversidad solo permite diferencias que estén en conformidad con el sistema. Representa una alteridad que se ha hecho consumible. Al mismo tiempo, hace que prosiga lo igual con más eficiencia que la uniformidad, pues, a causa de una pluralidad aparente y superficial, no se advierte la violencia sistemática de lo igual. La pluralidad y la elección fingen una alteridad que en realidad no existe.

La «propiedad» de la que habla Heidegger no tiene nada que ver con lo que nosotros entendemos por autenticidad. Incluso se le opone. En la terminología de *Ser y tiempo*, la autenticidad actual sería una forma de «impropiedad». La propiedad está precedida del derrumbe de la cotidianidad. Arrancada del mundo del «uno impersonal», la existencia se ve confrontada con lo siniestro y desapacible que tiene lo inhóspito. La autenticidad de la alteridad, por el contrario, tiene lugar dentro del orden de la cotidianidad. Con el yo auténtico, *el yo asume la forma de una mercancía*: se realiza consumiendo.

Según Heidegger, el miedo guarda una relación muy estrecha con la muerte. La muerte no significa un mero cese del ser, sino «un modo de ser»,[29] en concreto, una posibilidad privilegiada de ser sí mismo. Morir significa: «"Yo soy", es decir, llego

29. *Ibíd.*, p. 245.

a ser mi yo más propio».[30] Frente a la muerte se despierta una «resolución recóndita y que tiene miedo de sí misma» al ser sí mismo *propio*. La muerte es *mi* muerte.

También tras lo que se da en llamar el giro, que marca un inciso radical en el pensamiento de Heidegger, la muerte sigue significando más que el cese de la vida. Sin embargo, ya no provoca el énfasis del yo. Ya solo representa la negatividad del abismo, del misterio. Se trata de «implicar la muerte en la existencia para así dominar la existencia en su enigmática amplitud».[31] El Heidegger tardío designará la muerte también «la urna de la nada». La muerte es algo

> que en ningún aspecto será jamás algo meramente *existente*, pero que sin embargo campa, y que campa incluso como el misterio del *ser* mismo.[32]

La muerte inscribe en el ente la negatividad del misterio, del abismo, de lo radicalmente distinto.

30. M. Heidegger, *Prolegomena zur Geschichte des Zeitbegriffs*, GA 20, Frankfurt del Meno, Vittorio Klostermann, 1994, p. 433 [trad. cast.: *Prolegómenos para una historia del concepto de tiempo*, Madrid, Alianza, 2006).

31. Íd., *Beiträge zur Philosophie (Vom Ereignis)*, GA 65, Frankfurt del Meno, Vittorio Klostermann, 1989, p. 285 [trad. cast.: *Aportes a la filosofía. Acerca del evento*, Buenos Aires, Biblos, 2006].

32. Íd., *Vorträge und Aufsätze, op. cit.*, p. 170.

En los tiempos actuales, que aspiran a proscribir de la vida toda negatividad, también enmudece la muerte. La muerte ha dejado de *hablar*. Se la priva de todo lenguaje. Ya no es «un modo de ser», sino solo el mero cese de la vida, que hay que postergar por todos los medios. La muerte significa simplemente la des-producción, el cese de la producción. La producción se ha totalizado hoy convirtiéndose en la única forma de vida. La histeria con la salud es, en último término, la histeria con la producción. Pero destruye la verdadera vitalidad. La proliferación de lo sano es tan obscena como la proliferación de la obesidad. Es una enfermedad. Le es inherente una morbosidad. Cuando se niega la muerte en aras de la vida, la vida misma se trueca en algo destructivo. Se vuelve *autodestructiva*. También aquí se confirma la dialéctica de la violencia.

Precisamente la negatividad es vivificante. Nutre la vida del espíritu. El espíritu solo obtiene su verdad si dentro del desgarramiento absoluto se encuentra a sí mismo. La negatividad del desgarramiento y del dolor es lo único que mantiene con vida al espíritu. El espíritu es «este poder [...], no como lo positivo que aparta la vista de lo negativo». Solo es «este poder en la medida en que mira lo negativo a la cara y se queda a su lado».[33] Hoy rehuimos lo negativo de

33. G. W. F. Hegel, *Phänomenologie des Geistes*, Hamburgo, Felix Meiner, 1952, p. 30 [trad. cast.: *Fenomenología del espíritu*, Madrid, Abada, 2010].

manera convulsiva, en lugar de demorarnos en ello. Pero aferrarse a lo positivo lo único que hace es reproducir lo igual. No solo existe el infierno de la negatividad, también el infierno de la positividad. El terror no solo emana de lo negativo, también de lo positivo.

El miedo que provoca el derrumbe del mundo familiar es un *miedo profundo*, que se asemeja a aquel aburrimiento profundo. Lo que caracteriza el aburrimiento superficial es un inquieto «agitarse hacia afuera».[34] En el aburrimiento profundo, por el contrario, a uno se le escurre lo existente en su conjunto. Pero en este «fracaso», según Heidegger, se encierra un «aviso», un «llamamiento» que exhorta a la existencia a resolverse a «actuar aquí y ahora».

El aburrimiento profundo hace que afloren aquellas posibilidades de actuar que la existencia podría aprovechar, pero que precisamente quedaban baldías en esa situación en la que *uno se aburre*.[35] El aburrimiento profundo *exhorta* a la existencia a abordar su posibilidad más propia de ser, es decir, a actuar. Tiene un *carácter apelativo*. *Habla*. Tiene *voz*. Ese aburrimiento actual que acompaña a la hiperactividad se queda estupefacto y sin habla, se vuelve

34. M. Heidegger, *Die Grundbegriffe der Metaphysik. Welt-Endlichkeit-Einsamkeit*, GA 29/30, Frankfurt del Meno, Vittorio Klostermann, p. 193 [trad. cast.: *Los conceptos fundamentales de la metafísica: Mundo, finitud, soledad*, Madrid, Alianza, 2007].

35. *Ibíd.*, p. 312.

mudo. Se elimina con la siguiente actividad. Pero ser activo no significa todavía *actuar*.

En el Heidegger tardío, el miedo se explica en función de la diferencia ontológica, de la diferencia entre ser y ente. El pensamiento tiene que resistir ese enigmático y abisal *ser sin ente* para adentrarse en un «espacio todavía virgen». En cierto sentido, el ser antecede al ente y hace que se muestre en cada caso bajo una luz *determinada*. El pensamiento «ama» el «abismo». Le es inherente un «valor sereno para enfrentarse a un miedo esencial».[36] Cuando falta este miedo continúa lo igual. El pensamiento se pone a merced de la «voz silente» que lo «templa con los horrores del abismo».[37] El horror lo libera del *aturdimiento que provoca el ente*, es más, del *aturdimiento que provoca lo igual*. Se asemeja a aquel «dolor en el que se desvela la alteridad esencial del ente frente a lo habitual».[38]

Lo que hoy impera es una *indiferencia ontológica*. Tanto el pensamiento como la vida se vuelven ciegos para su *nivel de inmanencia*. Cuando no hay contacto con ese nivel, persiste lo *igual*. Lo que Heidegger llama «ser» designa este nivel de inmanencia. Es aquel

36. M. Heidegger, *Wegmarken*, Frankfurt del Meno, Vittorio Klostermann, 1967, p. 249 [trad. cast.: *Hitos*, Madrid, Alianza, 2007].

37. *Ibíd.*, p. 102.

38. M. Heidegger, *Parmenides*, GA 54, Frankfurt del Meno, Vittorio Klostermann, 1982, p. 249 [trad. cast.: *Parménides*, Madrid, Akal, 2005].

nivel óntico en el que el pensar arranca de nuevo. El contacto con ese nivel es lo único que hace que comience algo totalmente distinto. En este sentido también escribe Deleuze:

> Tomando el término en un sentido literal, yo diría que están haciendo el idiota. Hacer el idiota. Hacer el idiota ha sido desde siempre una función de la filosofía.[39]

«Hacer el idiota» es romper con lo predominante, con lo igual. Eso inaugura aquel ámbito virginal de inmanencia y hace que el pensar se vuelva receptivo para la *verdad*, para el *acontecimiento* que estrena una nueva relación con la realidad. Entonces aparece todo bajo una luz totalmente distinta. El nivel de inmanencia del ser solo se alcanza a través del miedo. Libera el pensar de los entes intramundanos que nos agobian, de ese aturdimiento que provoca lo igual y que Heidegger llama «olvido del ser». Aquel nivel de inmanencia del ser es virginal, todavía no tiene nombre: «Pero si el hombre ha de volver a avenirse con la vecindad del ser, entonces primero tiene que aprender a existir prescindiendo de nombres».[40]

39. Citado en P. Mengue, *Faire l'idiot. La politique de Deleuze*, Éditions Germina, 2013, p. 7.

40. M. Heidegger, *Brief über den Humanismus*, Frankfurt del Meno, Vittorio Klostermann, 1949, p. 9 [trad. cast.: *Carta sobre el humanismo*, Madrid, Alianza, 2000].

El miedo actual tiene una etiología completamente distinta. No se explica ni en función del derrumbe de la conformidad cotidiana ni del enigmático ser abisal. Más bien se produce dentro del consenso cotidiano. Es un miedo *cotidiano*. Su sujeto sigue siendo el *«uno impersonal»*.

> El yo se orienta en función de los demás y se vuelve inseguro cuando cree que no puede mantener el paso. […] De este modo, la noción de qué es lo que los demás piensan de uno y qué es lo que piensan que uno piensa de ellos pasa a ser una fuente de miedo social. Lo que agobia y destroza a la persona singular no es la situación objetiva, sino la sensación de desventaja en comparación con otros que resultan significativos.[41]

La existencia de la que habla Heidegger, que está resuelta a su posibilidad más propia de ser y a ser verdaderamente sí misma, no es guiada desde fuera, se guía desde dentro. Se parece a un giroscopio que tiene un centro interior y está fuertemente orientado a su posibilidad más propia de ser. En ello se opone al hombre-radar, que vive dispersándose y se pierde hacia fuera.[42] La orientación hacia el interior hace que resulte superflua esa permanente compa-

---

41. H. Bude, *Gesellschaft der Angst*, Hamburgo, Hamburger Edition HIS, 2014, p. 26 [trad. cast.: *La sociedad del miedo*, Barcelona, Herder, en prensa].
42. *Ibíd.*, p. 24.

ración con los demás a la que se siente forzado el hombre guiado desde fuera.

Hoy, muchos se ven aquejados de miedos difusos: miedo a quedarse al margen, miedo a equivocarse, miedo a fallar, miedo a fracasar, miedo a no responder a las exigencias propias. Este miedo se intensifica a causa de una constante comparación con los demás. Es un *miedo lateral*, a diferencia de ese otro *miedo vertical* que se da en presencia de lo totalmente distinto, de lo desapacible y siniestro, de la nada.

Hoy vivimos en un sistema neoliberal que elimina estructuras estables en el tiempo, que para incrementar la productividad fragmenta el tiempo de vida y hace que lo vinculante y obligatorio se vuelva obsoleto. Esta política temporal neoliberal genera miedo e inseguridad. Y el neoliberalismo individualiza al hombre convirtiéndolo en un aislado empresario de sí mismo. La individualización que acompaña a la pérdida de solidaridad y a la competencia total provoca miedo. La pérfida lógica del neoliberalismo reza: *el miedo incrementa la productividad*.

Umbrales

El miedo se produce también en el umbral. Es una típica sensación liminar. El umbral es el tránsito a lo desconocido. Más allá del umbral comienza un estado óntico totalmente distinto. Por eso, el umbral siempre lleva inscrita la muerte. En todos los ritos de paso, los *rites de passage*, se muere para renacer más allá del umbral. La muerte se experimenta aquí como transición. Quien traspasa el umbral se somete a una trasformación. El umbral como lugar de trasformación *duele*. Le es inherente la negatividad del dolor: «Si sientes el dolor de los umbrales no eres un turista: puede producirse la transición».[43] Hoy, el *tránsito* esencialmente marcado por el umbral deja paso al *pasaje* sin umbrales. Con internet nos hemos

43. P. Handke, *Phantasien der Wiederholung*, Frankfurt del Meno, Suhrkamp, 1983, p. 13 [trad. cast.: *Fantasías de la repetición*, Zaragoza, Las Tres Sorores, 2000].

vuelto más turistas que nunca. Hemos dejado de ser el *homo doloris* que habita umbrales. Los turistas no tienen experiencias que impliquen una transformación y un dolor. Se quedan *igual*. Viajan por el infierno de lo igual.

Los umbrales pueden aterrar o amedrentar. Pero también pueden regocijarnos o encandilarnos. Estimulan la imaginación para crear *fantasías referidas a otros*. Ese imperativo de aceleración propio de las circulaciones globales de capital, comunicación e información desmantela umbrales y, con una rotación interior extremadamente acelerada, engendra un espacio sin umbrales y liso. Aquí surge un nuevo miedo que queda totalmente desvinculado de la negatividad de lo distinto.

La comunicación digital, en cuanto nueva forma de producción, elimina rigurosamente toda distancia para acelerarse. Con ello se pierde toda distancia protectora. En la hipercomunicación todo se mezcla con todo. También las fronteras entre dentro y fuera se vuelven cada vez más permeables. Hoy nos vemos totalmente enajenados y convertidos en una «pura superficie de absorción y reabsorción de las redes de influencia».[44]

El imperativo de transparencia elimina toda falta de visión y todo hueco informativo, y deja todo a merced de una visibilidad total. Hace que desapa-

44. J. Baudrillard, *El otro por sí mismo*, *op. cit.*, p. 23.

rezcan todos los espacios de retirada y de protección. Con ello nos acerca todo hasta una proximidad amenazadora. Nada nos sirve de pantalla protectora. Nosotros mismos no somos más que pasajes en medio de la interconexión global. La transparencia y la hipercomunicación nos despojan de toda intimidad protectora. Es más, renunciamos voluntariamente a ella y nos exponemos a redes digitales que nos penetran, nos dilucidan y nos perforan. La sobreexposición y la desprotección digitales generan un miedo latente que no se explica en función de la negatividad de lo distinto, sino del exceso de positividad. En el infierno transparente de lo igual no falta el miedo. Lo amedrentador es, justamente, esa *embriaguez* que causa lo igual y que se vuelve cada vez más intensa.

Alienación

La novela de Albert Camus *El extranjero* describe la extranjería como sentimiento óntico y existencial fundamental. El hombre es un extraño en el mundo, un extraño entre los hombres y también un extraño para sí mismo. Al protagonista, Meursault, lo separa de los demás una barrera lingüística. La extranjería se manifiesta como estupefacción y falta de lenguaje. Cada uno está preso en una celda que queda separada de los demás por una reja lingüística. Pero no hay sitio para esta extranjería ni en los tiempos actuales de la hipercomunicación ni en el mundo como zona de bienestar o como grandes almacenes.

El poema de Paul Celan «Reja lingüística» también versa sobre la experiencia de extranjería:

[…] (Si yo fuera como tú, si tú fueras como yo.
¿No estuvimos

bajo un alisio?
Somos extraños.)

Las losetas. Encima,
Bien juntos, los dos
charcos gris-corazón:
dos
bocanadas de silencio.[45]

Hoy nos entregamos a una comunicación irrestric-ta. La hipercomunicación digital nos deja casi atur-didos. Pero el ruido de la comunicación no nos hace menos solitarios. Quizá incluso nos haga más soli-tarios que las *rejas lingüísticas*. Al fin y al cabo, al otro lado de la reja lingüística hay un *tú*. Ese *tú* preserva aún la *proximidad de la lejanía*. La hipercomunica-ción, por el contrario, destruye tanto el *tú* como la *cercanía*. Las *relaciones* son reemplazadas por las *co-nexiones*. La falta de distancia expulsa la cercanía. *Dos bocanadas de silencio* podrían contener más proximi-dad, más lenguaje que una hipercomunicación. El silencio es lenguaje, mientras que el ruido de la co-municación no lo es.

Hoy nos acomodamos en una zona de bienestar de la que se ha eliminado la negatividad de lo extra-ño. Su santo y seña es «me gusta». La pantalla digi-tal nos protege cada vez más de la negatividad de lo

45. P. Celan, *Obras completas, op. cit.*, p. 128.

extraño, de lo desapacible y siniestro. La extranjería es hoy indeseable por cuanto representa un obstáculo para la aceleración de la circulación de información y de capital. El imperativo de aceleración lo nivela todo volviéndolo igual. El espacio *transparente* de la hipercomunicación es un espacio sin misterio, sin extrañeza ni enigma.

El otro como alienación también desaparece. La situación laboral actual no se puede describir con ayuda de la teoría marxista de la alienación. La alienación del trabajo significa que el trabajador se relaciona con el producto de su trabajo como si este fuera un objeto extraño. El trabajador no se reconoce ni en su producto ni en su actividad. Tanto más se empobrece el trabajador cuanta mayor riqueza produce. Sus productos le son arrebatados. La actividad del trabajador es causa de su desrealización: «Hasta tal punto la realización del trabajo resulta ser una des-realización que el trabajador es desrealizado hasta que muere de hambre».[46] Cuanto más se agota, tanto más cae bajo el dominio del otro en cuanto su explotador. Esta relación de dominio que conduce a la alienación y a la desrealización, Marx la compara con la religión:

46. K. Marx, *Ökonomisch-philosophische Manuskripte*, Hamburgo, Felix Meiner, 2005, pp. 56 ss. [trad. cast.: *Manuscritos de economía y filosofía*, Madrid, Alianza, 2010].

Cuanto más confía el hombre en Dios tanto menos se guarda para sí mismo. El trabajador consagra su vida al objeto, pero entonces resulta que su vida ya no le pertenece a él, sino al objeto. Cuanto mayor sea esta actividad, tanta menos razón de ser tendrá el trabajador. Lo que es producto de su trabajo, él mismo no lo es. Es decir, cuanto mayor sea el producto, tanto menos será él.[47]

A causa de la alienación en la situación laboral no es posible que el trabajador se realice. Su trabajo es una continua *desrealización de sí mismo*.

Vivimos en una época posmarxista. En el régimen neoliberal la explotación ya no se produce como alienación y desrealización de sí mismo, sino como libertad, como autorrealización y autooptimización. Aquí ya no existe el otro como explotador que me fuerza a trabajar y me aliena de mí mismo. Más bien, yo me exploto a mí mismo voluntariamente creyendo que me estoy realizando. Esta es la pérfida lógica del neoliberalismo. Así es también la primera fase de euforia del proceso de *burnout* o «síndrome del trabajador quemado». Me lanzo eufórico a trabajar, hasta que al final me derrumbo. Me mato a realizarme. Me mato a optimizarme. Tras el espejismo de la libertad se esconde el dominio neoliberal. El dominio se consuma en el momento en que coin-

47. *Ibíd.*, p. 57.

cide con la libertad. Esta sensación de libertad resulta fatídica en la medida en que vuelve imposible toda resistencia, toda revolución. ¿Contra qué debería dirigirse la revolución? Al fin y al cabo, no existen otros de quienes provenga una represión. La perogrullada de Jenny Holzer, «protégeme de lo que quiero», expresa de manera certera este cambio de paradigma.

Hoy está surgiendo una nueva forma de alienación. Ya no se trata de una alienación en relación con el mundo o con el trabajo, sino de una autoalienación destructiva, de una *alienación de sí mismo*. Esta autoalienación se produce justamente en el curso de los procesos de autooptimización y autorrealización. En el momento en que el sujeto que se siente forzado a aportar rendimientos se percibe a sí mismo —por ejemplo su propio cuerpo— como un objeto funcional que hay que optimizar, entonces se va alienando progresivamente de él. A causa de la falta de negatividad, esta autoalienación prosigue sin que nos demos cuenta. No solo la autoexplotación resulta autodestructiva, también esa autoalienación que se expresa patológicamente como trastorno en la percepción neuropsicológica del organismo. La anorexia, la bulimia o el trastorno de sobreingesta compulsiva son síntomas de una progresiva alienación de sí mismo. Al final uno ya no siente su propio cuerpo.

Cuerpos
que se nos contraponen

La palabra «objeto» procede del verbo latino *obicere*, «arrojar contra», «reprochar» o «recriminar». Es decir, el objeto es, antes que nada, algo *contrario* que se vuelve contra mí, que se me arroja y se me contrapone, que me contradice, que es reacio a mí y me ofrece resistencia. En eso consiste su negatividad. Esta connotación del objeto todavía se conserva en la palabra romance «objeción», que también significa reparo o discrepancia.

La experiencia de lo presente como *obicere* es probablemente más original que la *noción* de lo presente como objeto. En el caso de la noción, el sujeto representante se apodera del objeto representado. *El objeto se le entrega.* Aquí el objeto sufre la pérdida de gran parte de la negatividad que tiene él mismo como contrapuesto. La mercancía como objeto de consumo carece por completo de la negatividad del *obicere*. En cuanto mercancía no me reprocha nada, no me acusa, no se me contrapone. Más bien se quiere amoldar a mí y agradarme, sonsacarme un «me gusta». Lo que caracteriza la percepción actual es la ausencia de contrariedad y enfrentamiento.

El mundo pierde cada vez más la negatividad de lo contrario. El medio digital acelera este desarrollo. El orden digital es opuesto al orden terreno, al orden de la tierra. Precisamente la filosofía tardía de Heidegger se ocupa del orden terreno. Continuamente evoca «la pesadez de las montañas y la dureza de sus rocas primitivas».[48] También se habla de los «pesados trineos de madera» del «joven campesino», de la «resistencia de los descollantes abetos a la tormenta» y de la «escarpada ladera opuesta». La *pesadez* y lo *contrario* dominan el orden terreno. A diferencia de ello, el orden digital carece de toda *pesadez que nos replicara como un contrapeso*. No se presenta como una replicante reacia, rebelde, sediciosa.

También en las imágenes hoy se pierde cada vez más el carácter de lo contrario. Las imágenes digitales carecen de toda magia, de todo hechizo, de toda seducción. Han dejado de ser *contrarréplicas* que tengan *vida* y *fuerza propia*, que desconcierten, fascinen, sorprendan, embelesen al observador. El «me gusta» es el grado absolutamente nulo de la *percepción*.

48. M. Heidegger, «Schöpferische Landschaft. Warum bleiben wir in der Provinz», en *Denkerfahrungen, 1910-1976,* Frankfurt del Meno, Vittorio Klostermann, 1983, p. 13 [trad. cast.: *Experiencias del pensar (1910-1976)*, Madrid, Abada, 2014].

Para Heidegger, la cosa es algo que nos condiciona, en el sentido de que se gana nuestros favores habiéndonos reclamado. Este *condicionamiento* ha dejado de ser el sentimiento óntico de hoy. También Handke reacciona con resolución contra la creciente descosificación y descorporalización del mundo. Su viaje invernal a los ríos Danubio, Save, Morava y Drina queda por entero bajo el signo de la *salvación de las cosas*.

Handke eleva la pesada puerta de la tienda serbia a la categoría de cifra de la auténtica cosa. Se nos *contrapone* con todo su peso. Es un *objeto*, un *obicere*. La pesadez de las cosas constituye el *peso del mundo*. Son cuerpos que se nos *contraponen*. «Hacer fuerza para bajar el vetusto picaporte de hierro», «tener que abrir de golpe y casi con esfuerzo la puerta de la tienda» provoca en Handke incluso un sentimiento de dicha:

En la leve resistencia de la cosa, causada por el paso del tiempo y la pesadez material, en su roce con el cuerpo del que entra se revela un cuerpo autónomo que se nos contrapone. […] La puerta de la tienda serbia es, literalmente, un objeto que se alza frente a nosotros; […] parte de una intensa comunicación momentánea de cuerpos, es más, sujeto de un acontecimiento espacial y concreto que tiene consistencia por sí mismo. […] Esta leve resistencia, la perceptible fuerza que las cosas más sobrias tienen por sí mismas, las hace reacias

a ser representadas y las salva de desvanecerse al quedar
bajo la disposición ejercitada de la percepción.[49]

Handke acude al mercado y se imagina que las cosas son *cuerpos que se nos contraponen*. Son, en conjunto, pesados y macizos. Reposan en sí mismos.

Macizos tarros de miel oscuros como el bosque, ga-
llinas para caldo grandes como pavos, nidos o coronas
de pasta de un amarillo distinto, peces fluviales, muchos de ellos con afilada boca depredadora y otros
muchos gordos como salidos de un cuento.[50]

El orden digital provoca una creciente descorporalización del mundo. Hoy hay cada vez menos comunicación entre cuerpos. El orden digital elimina
también los cuerpos que se nos contraponen pri-
vando a las cosas de su pesadez material, su masa, su
peso específico, su vida propia y su tiempo propio, y
dejándolas disponibles en todo momento. Los objetos digitales han dejado de ser *obicere*. Ya no nos
replican con su contrapeso. De ellos no viene ninguna
resistencia. La desaparición de lo *contrario* se produ-

49. H. Winkels, *Leselust und Bildermacht. Literatur, Fernsehen und
neue Medien*, Colonia, Kiepenheuer & Witsch, 1997, pp. 89 s.

50. P. Handke, *Eine winterliche Reise zu den Flüssen Donau, Save,
Morawa und Drina oder Gerechtigkeit für Serbien*, Frankfurt del Meno,
Suhrkamp, 1996, p. 71 [trad. cast.: *Un viaje de invierno a los ríos Danubio,
Save, Morava y Drina o Justicia para Serbia*, Madrid, Alianza, 1996].

ce hoy en todos los niveles. El «me gusta» se opone al *obicere*. Hoy todo reclama el «me gusta». La ausencia total de lo contrario no es un estado ideal, pues *sin lo contrario uno sufre una dura caída golpeándose consigo mismo*. Dicha ausencia conduce a una *autoerosión*.

Hoy también perdemos el «enfrente» en un sentido peculiar. Para Heidegger, el objeto y el «enfrente» no son idénticos. Según él, los griegos nunca experimentaron lo presente como objeto, sino como lo que hay enfrente. En el caso del objeto, lo que él tiene de contrario a nosotros es constituido por el sujeto que se lo representa. El sujeto se apodera del objeto. A diferencia de ello, en el caso de lo que hay enfrente, lo que eso tiene de enfrentado a nosotros se configura

en aquello que le sobreviene al hombre percipiente que observa y escucha, en aquello que sobrecoge a un hombre que jamás se ha concebido a sí mismo como sujeto para objetos.

Estando enfrente, lo presente no es

lo que un sujeto se arroja a sí mismo como objeto, sino lo que le sobreviene a la percepción y aquello que la mirada y la escucha humanas presentan y exponen *como* lo que les ha sobrevenido.[51]

51. M. Heidegger, *Der Satz vom Grund*, Pfullingen, Günther

Según esto, los griegos habrían experimentado el «enfrente» más siniestro y hechizante con la presencia de los dioses que vienen a echar un vistazo. Eso se produce como *encuentro* con lo *totalmente distinto*. Es decir, la *mirada* y la *voz* son aquello con lo que se manifiesta lo totalmente distinto.

Neske, 1967, p. 140 [trad. cast.: *La proposición del fundamento*, Barcelona, Ediciones del Serbal, 1991].

Mirada

Al comienzo del seminario X, «La angustia», Jacques Lacan presenta la fábula con moraleja «Apólogo de la mantis religiosa». Lacan lleva una máscara, pero no sabe qué representa. Con la máscara puesta, se presenta ante una gigantesca mantis religiosa. No sabe en absoluto qué es lo que la mantis religiosa está viendo ni las reacciones que provocará en ella la visión de la máscara. Además, no es posible entenderse con ella usando el lenguaje. De este modo queda por completo a merced de ella y de su mirada. El hecho de que la mantis religiosa devore al macho tras el apareamiento la hace parecer aún más siniestra. Lo *completamente distinto*, inasequible a toda previsión, que no se somete a ningún cálculo y que infunde miedo, se manifiesta como *mirada*.

Con su fábula de la mantis religiosa Lacan se está refiriendo a una escena de *Thomas el Oscuro*, de Maurice Blanchot, en la que se describe al protagonista

como un lector obsesionado al que las palabras de-
voran como si fueran una mantis religiosa. Leer significa *ser mirado*:

> Estaba, ante cada signo, en la situación en que se en-
> cuentra el macho cuando la mantis religiosa está a pun-
> to de devorarlo. Se observaban mutuamente *(L'un et
> l'autre se regardaient)*. [...] Thomas se deslizó, pues, por
> aquellos pasillos, indefenso, hasta que fue sorprendido
> por la intimidad de la palabra. No era para alarmarse
> todavía, al contrario, era un momento casi agradable
> que le hubiera gustado prolongar. [...] Se veía con pla-
> cer en aquel ojo que lo veía.[52]

Blanchot está describiendo aquí una peculiar experiencia de alienación en la que uno renuncia a la *soberanía del ojo* y se pone a merced de la *mirada del otro*.

La escena final de *La dolce vita* muestra un grupo
de gente que, después de haber estado de fiesta toda
la noche, al amanecer se dirige a la playa y observa
cómo sacan del mar una gigantesca raya marina. La
cámara muestra en primer plano el enorme y mis-
terioso ojo de la raya. Marcello murmura: «E insiste
en quedarse mirando» *(E questo insiste a guardare)*.
Jacques Lacan se refiere varias veces a esta escena final. En el seminario «Ética del psicoanálisis» pre-

52. M. Blanchot, *Thomas der Dunkle*, Frankfurt del Meno, Suhrkamp, 1987, p. 21 [trad. cast.: *Thomas el oscuro*, Valencia, Pre-Textos,
2002].

senta la raya marina, que se queda *mirándonos*, como una «cosa abominable»:

> El momento en que, a la madrugada, los vividores, en medio de los troncos de pinos, al borde de la playa, después de haber quedado inmóviles y como desapareciendo de la vibración de la luz, se ponen en marcha de golpe hacia no sé qué meta, que es lo que tanto le gustó a muchos, que creyeron encontrar en ella mi famosa cosa, es decir, no sé qué de repugnante que se extrae del mar con una red.[53]

Para Lacan, la «cosa» es una *mancha*, una *mácula que se sale de la imagen, de la representación*. Representa una ruptura, una brecha dentro de esos códigos de acción y de percepción establecidos que constituyen lo «simbólico». Se encuadra en aquel sector de lo «real» que es inasequible a toda representación y a toda noción. La cosa es una mancha, un detalle que sobresale del marco, del orden simbólico. El orden simbólico es la narración que yo me cuento *a mí mismo*. La cosa se sale de este entramado expositivo y narrativo. Es lo *completamente distinto* que se queda mirándolo a uno. Así es como provoca miedo:

53. J. Lacan, *El seminario. Libro 7: la ética del psicoanálisis (1950-1960)*, Buenos Aires, Paidós, 2007, p. 304.

He aquí por lo que somos más mirados, y que muestra de qué modo la angustia emerge en la visión en el lugar del deseo gobernado por *a*.[54]

En *Rear Window* (*La ventana indiscreta*, literalmente «la ventana trasera»), Hitchcock escenifica el triunfo de la mirada sobre el ojo.[55] Jeff, un fotógrafo que se ve obligado a ir en silla de ruedas, se solaza con deleite viendo las imágenes que la ventana le ofrece. La siniestra visión del otro lado del patio acaba pronto con este placer visual. Thorwald, de quien Jeff sospecha que ha asesinado a su esposa, de pronto se da cuenta de que Jeff lo está observando. La mirada de Thorwald, que capta a Jeff, termina con la soberanía del ojo voyerista. A partir de ese momento la realidad deja de ser imagen, placer visual. Ahora Jeff está enteramente a merced de la *mirada del otro*. Thorwald es el antagonista del fotógrafo, cuya tarea consiste en transformar la realidad en imagen, en un deleite para la vista. La mirada de Thorwald es la *mancha* que sobresale de la imagen. Encarna la *mirada del otro*. Al final acaba irrumpiendo en la vivienda de Jeff. Jeff trata de cegarlo con el flash de la cámara, es decir, trata de *destruir* su mirada, de conjurar lo siniestro volviéndolo a meter en la imagen, pero no

54. *Íd.*, *El seminario. Libro 10: la angustia (1962-1963)*, Buenos Aires, Paidós, 2007, p. 274.

55. Cf. *Ein Triumph des Blicks über das Auge. Psychoanalyse bei Alfred Hitchcock*, Viena, Turia + Kant, 1992.

lo consigue. El triunfo de la mirada sobre el ojo se consuma en el momento en que Thorwald arroja a Jeff por la ventana, la cual antes había ofrecido un deleite visual. Jeff *se sale por completo de la imagen* y cae al suelo de lo real. La *Rear Window*, «la ventana trasera», se convierte en ese momento en la *Real Window*, «la ventana real».

También para Sartre el otro se anuncia como *mirada*. Sartre no restringe la mirada al ojo humano. Más bien, *ser observado* constituye el aspecto central del «ser en el mundo». *El mundo es mirada*. Incluso el crujido de ramas, una ventana entreabierta y hasta un leve movimiento de la cortina se los percibe como miradas.[56] Hoy el mundo es muy pobre en miradas. Rara vez nos sentimos mirados o expuestos a una mirada. El mundo se presenta como placer visual que trata de *agradarnos*. Del mismo modo, tampoco la pantalla visual tiene el carácter de una mirada. *Windows* es una *ventana sin mirada*. Nos protege justamente de la mirada.

Forma parte de la sintomatología de la paranoia sospechar que por todos lados hay miradas y sentirse observado desde cualquier parte. En eso se diferencia de la depresión. La paranoia no es una enfermedad típica de hoy. Se vincula con la *negatividad de*

56. J.-P. Sartre, *Das Sein und das Nichts. Versuch einer phäno-menologischen Ontologie*, Hamburgo, Rowohlt, 1952, p. 344 [trad. cast.: *El ser y la nada*, Buenos Aires, Losada, 2005].

lo distinto. El depresivo habita un espacio ciego, en el que resulta imposible toda experiencia del otro.

En *Melancolía*, de Lars von Trier, Justine sana de la depresión en el momento en que en ella se despierta el deseo del otro. Lars von Trier hace que el planeta azul aparezca en el cielo nocturno como una *mirada del otro* que *observa* a Justine. Despierta en ella un deseo erótico. La mirada del otro la libera de su depresión y la transforma en una amante.

Hoy la mirada desaparece en muchos niveles. Incluso el dominio se lleva a cabo sin mirada. El panóptico de Bentham se basa en el dominio de la mirada. Sus ocupantes quedan completamente a merced de la mirada del vigilante. La torre de vigilancia está construida de tal modo que el vigilante lo ve todo sin que lo vean a él:

> El panóptico es una máquina de disociar la pareja ver/ ser visto: en el anillo periférico, se es visto totalmente, sin ver jamás; en la torre central, se ve todo, sin ser jamás visto.[57]

Lo único que ven los presos es la silueta de la torre central. No pueden saber si en un momento preciso los están vigilando. De este modo se sienten permanentemente *observados*, incluso aunque el vigilan-

57. M. Foucault, *Vigilar y castigar. Nacimiento de la prisión*, Buenos Aires, Siglo XXI, 1976, p. 205.

te no esté. *El dominio de la mirada tiene una perspectiva central.*

También el Estado vigilante de Orwell erige un *dominio de la mirada.* El Gran Hermano es omnipresente como mirada en las telepantallas. Lo ve todo sin ser visto. *La represión se expresa como mirada:*

> El vestíbulo olía a col hervida y a esteras viejas. En un extremo habían colgado en la pared un cartel coloreado y demasiado grande para estar en el interior. Representaba solo una cara enorme de más de un metro de ancho: el rostro de un hombre de unos cuarenta y cinco años, con un espeso bigote negro y facciones toscas y apuestas. [...] En cada rellano, enfrente del hueco del ascensor, el cartel con el rostro gigantesco le contemplaba desde la pared. Era uno de esos carteles pensados para que los ojos te sigan cuando te mueves. «El hermano mayor vela por ti», decían las palabras al pie.[58]

El medio digital se diferencia del medio óptico en que es un *medio sin mirada.* De este modo, también el panóptico digital, que en realidad ya no sería un instrumento *óptico,* no requeriría la mirada, la óptica basada en una perspectiva central. En esencia, precisamente por eso ve más, e incluso con mayor profundidad que el panóptico analógico. La diferen-

58. G. Orwell, *1984,* México, Debolsillo, 2014, p. 15.

cia entre centro y periferia pierde aquí todo sentido. El panóptico digital trabaja sin perspectiva. La dilucidación sin perspectiva es mucho más eficiente que la vigilancia desde una perspectiva, porque nos vemos iluminados por completo desde todas partes, incluso desde dentro. Los pensamientos se sustraen a la mirada. Al panóptico digital no le pasan inadvertidos los pensamientos. Los macrodatos se las arreglan sin necesidad de ver. A diferencia de la vigilancia desde una perspectiva central, en la dilucidación sin perspectivas ya no hay puntos ciegos.

A causa de que falta la mirada represiva —y en esto consiste la diferencia decisiva con la estrategia de vigilancia propia de la sociedad disciplinaria— surge una sensación engañosa de libertad. Los ocupantes del panóptico digital no se sienten *observados*, es decir, no se sienten vigilados. Se sienten libres y se desnudan voluntariamente. El panóptico digital no restringe la libertad, la explota.

Voz

La voz viene *de alguna otra parte*, de *fuera*, de *otro*. Las *voces* que uno escucha se sustraen a toda ubicación. Las famosas tesis de Derrida sobre el fonocentrismo de la metafísica occidental, que suponen que la voz es un lugar privilegiado para una presencia de ánimo inmediata y para la presencia inmediata en general, y que la voz tiene una peculiar proximidad con el sentido y con el logos, ignoran por completo la exterioridad de la voz. Al igual que la mirada, la voz es un medio que mina justamente la presencia de ánimo, la transparencia para sí mismo, y que inscribe en el yo lo totalmente distinto, lo desconocido, lo siniestro y desapacible.

Algunas historias de Kafka como *Ante la ley* o *El castillo* escenifican sugestivamente la negatividad, la inaccesibilidad, el misterio de lo *totalmente distinto*, que son inasequibles a toda representación. El *campesino* persevera hasta la muerte ante las puertas de la ley, sin obtener acceso. La ley le queda cerrada. Tampoco el agrimensor K. consigue acceder al castillo. No es casual que el castillo se manifieste primero como *voz*. Es el lugar de lo completamente distinto. Después de llegar al pueblo, K. llama por teléfono al castillo. Lo que oye al otro lado de la línea no es ninguna palabra comprensible, ningún parlamento, ningún discurso, sino una *voz* siniestra e incomprensible *cantando en la lejanía*:

> Del auricular brotó un zumbido como K. no había oído nunca en un teléfono. Era como si, del zumbido de innumerables voces de niños —aunque no era tal zumbido, sino el canto de voces lejanas, lejanísimas—, como si de ese zumbido, de una forma francamente imposible, se formase una voz aguda pero resonante, que vibraba en el oído como si quisiera penetrar más allá de aquel miserable oído. K. guardaba silencio, había apoyado el brazo izquierdo en el mueble del teléfono y escuchaba.[59]

La voz penetra en aquel nivel profundo que queda por debajo de la conciencia. También la mirada tiene la misma intensidad y produce el mismo efecto profundo. Frieda, la misteriosa posadera, tiene una «mirada de especial superioridad» que penetra en aquella esfera que le quedada vedada al actuar cons-

59. F. Kafka, *El castillo*, Barcelona, Debolsillo, 2013, p. 34.

ciente. Esa mirada comunica directamente con el otro que hay dentro del yo, con el yo como si fuera otro: «Cuando aquella mirada cayó sobre K., a este le pareció que había resuelto ya asuntos que lo concernían, de cuya existencia él mismo no sabía nada pero de la que esa mirada le convenció».[60]

También la voz mina la presencia de ánimo. Abre una profunda desgarradura en el interior del sujeto, a través de la cual irrumpe en el yo lo totalmente distinto. En la narración de Kafka *Investigaciones de un perro* se habla de una voz «ante cuya excelsitud el bosque enmudecía». Hace que el oyente quede *fuera de sí*:

> Y yo, realmente, estaba fuera de mí. En circunstancias normales habría estado enfermo de gravedad, incapaz de moverme, pero no pude resistirme a la melodía, que el perro comenzó a asumir como si fuera suya.[61]

Para Kafka, la voz es un medio que emplea con predilección el otro, lo completamente distinto. Una *debilidad*, una *endeblez metafísica*, una *pasividad primordial* es lo único que nos hace receptivos a la voz del otro. En una carta a Milena, Kafka compara a los profetas con «frágiles niños» que «oían cómo los llamaba la voz» y sentían «un miedo que les diláceraba el

60. *Ibíd.*, p. 50.
61. F. Kafka, «Investigaciones de un perro», en *Cuentos completos*, Madrid, Valdemar, 2000, pp. 374-375.

83

cerebro».[62] Son *frágiles* en presencia de la *voz poderosa del otro*. También la erótica de la voz consiste en que evita que el «sujeto psicológico […] se consolide». Lo *debilita*. El sujeto se pierde a sí mismo. La voz conduce a la «pérdida de sí».[63]

Hoy hemos dejado de ser *frágiles niños*. La *fragilidad infantil* como receptividad para el otro ya no se corresponde con el carácter de la sociedad narcisista. El yo que se robustece y al que las relaciones de producción neoliberales fomentan y explotan queda cada vez más escindido del otro. La voz del otro rebota del todo contra el ego que se acrecienta. La sobrecarga narcisista que caracteriza el centrarse en sí mismo nos vuelve sordos y ciegos para el otro. En el ruido digital de lo igual hemos dejado de percibir la voz del otro. Es decir, nos hemos vuelto resistentes a la voz y a la mirada.

Para Kafka, la voz y la mirada son además *signos del cuerpo*. Una comunicación sin estos *signos corporales* no es más que un trato con espíritus:

> ¡A quién se le habrá ocurrido pensar que la gente podía relacionarse por correspondencia! Se puede pensar en una persona lejana y se puede tocar a una persona cercana, todo lo demás supera las fuerzas humanas. […]

62. Íd., *Cartas a Milena*, Madrid, Alianza, 2016, p. 64.
63. R. Barthes, «El "grano" de la voz», en *Lo obvio y lo obtuso. Imágenes, gestos, voces*, Barcelona, Paidós, 1986, p. 262.

Los besos escritos no llegan a su destino, sino que los espectros se los beben por el camino.[64]

Los medios de comunicación digital son mucho más incorpóreos que las cartas. La caligrafía es todavía un signo corporal. Todos los alfabetos digitales se parecen. Los medios digitales lijan lo que el otro tiene de contrario. Nos privan realmente de la capacidad de pensar en el hombre que está lejos y de tocar a un hombre que está cerca. Reemplazan la proximidad y la lejanía por la falta de distancia.

Roland Barthes designa «aspereza de la voz» o el «grano de la voz» aquella dimensión corpórea de la voz que es reacia a toda forma de representación, tanto de la noción como del significado. Aunque este profundo nivel corpóreo de la voz no significa nada, a él se debe una voluptuosidad:

Algo se muestra en él, manifiesta y testarudamente (es *eso* lo único que se oye), que está por encima (o por debajo) del sentido de las palabras [...]: algo que es de manera directa el cuerpo del cantor, que un mismo movimiento trae hasta nuestros oídos desde el fondo de sus cavernas, sus músculos, mucosas y cartílagos [...] como si una misma piel tapizara la carne interior del ejecutante y la música que canta.[65]

64. F. Kafka, *Cartas a Milena, op. cit.*, p. 333.
65. R. Barthes, «El "grano" de la voz», *op. cit.*, p. 264.

Barthes distingue entre el feno-canto y el geno-canto. El «grano de la voz» es inherente al geno-canto, en el que lo que importa no es el significado ni lo *significado*, sino la «voluptuosidad de sus sonidos significantes». El placer no tiene mucho que ver con el significado. Se comunica corporalmente. El geno-canto, que se refiere al cuerpo, es erótico y seduce. Por el contrario, el feno-canto carece de fuerza de seducción, se consagra a la estructura, a las leyes, a la comunicación, a la exposición y a la expresión: «Lo que aquí acompaña al canto es el alma, y no el cuerpo».[66] En el feno-canto no son audibles la lengua ni las mucosas: solo resalta el *sentido*, mientras que el geno-canto hace sonar lo *sensible*. El feno-canto carece de toda corporalidad, de toda sensibilidad.

En el geno-canto se trata de «dar una pátina» a las consonantes,

> de las que pensamos con demasiada facilidad que forman la armadura del francés [...] y es habitual recomendar que se «articulen», se destaquen y se enfaticen *para favorecer la claridad del sentido.*[67]

En el geno-canto, las consonantes «se usan simplemente como trampolines de la admirable vocal». Las vocales habitan el cuerpo voluptuoso. Las conso-

66. *Ibíd.*, p. 272.
67. *Ibíd.*, p. 273.

nantes trabajan con el sentido. Pero la «verdad» del lenguaje no radica en su «funcionalidad (claridad, expresividad, comunicación)», sino en la voluptuosidad y en la seducción.

También en Novalis las consonantes representan la prosa, el significado y la utilidad. «Consonado» significa inhibido, ceñido, constreñido. Al *espíritu consonado* le resulta ajena la negatividad de lo desconocido, de lo enigmático, del misterio. Las vocales, por el contrario, son seductoras, poéticas, románticas. Las consonantes no permiten deambular por la lejanía: «La filosofía lejana suena como poesía, porque toda llamada lanzada a la lejanía se vuelve vocal».[68] Hoy vivimos una *época consonada*. La comunicación digital es una comunicación consonada. Carece de misterio, de enigma y de poesía. Elimina la lejanía a favor de la contigüidad y la falta de distancia.

Esas escisiones en el aparato psíquico que se producen por los efectos de las prohibiciones y las represiones hacen que surjan voces. Así es como Daniel Paul Schreber, el autor de *Memorias de un enfermo de los nervios*, siente que unas voces lo persiguen. Suenan procedentes de un *lugar totalmente distinto*. Schreber habla de «unas voces que venían de otra parte y que sugerían un origen sobrenatural». Las voces que le hablan incesantemente se atribuyen a Dios:

68. Novalis, *Briefe und Werke*, Berlín, Lambert Schneider, 1943, vol. 3, p. 1140.

Así pues, sigue siendo para mí una *verdad irrefutable* que Dios se me *revelaba de nuevo* a diario y a cada hora mediante voces y milagros.[69]

Schreber se procura un gramófono, cajas de música y armónicas

para ensordecer en ciertas ocasiones esa cháchara de voces tan difícil de soportar y conseguir así tranquilidad, al menos provisionalmente.[70]

La voz es algo que regresa del otro mundo, una reaparecida. Lo que fue excluido y reprimido regresa como voz. La negatividad de la negación y la represión es constitutiva de la voz. En la voz regresa el contenido psíquico reprimido. En una sociedad en la que la negatividad de la represión y la negación dejan paso cada vez más a la permisividad y a la afirmación, cada vez se oirán menos voces. A cambio, crece el ruido de lo igual.

La voz representa a menudo una instancia superior, una trascendencia. Suena desde *arriba*, desde lo *totalmente distinto*. Ese es el motivo por el cual la moral se sirve a menudo de la metáfora de la voz. Además, a la voz le es inherente una exterioridad.

69. D.P. Schreber, *Denkwürdigkeiten eines Nervenkranken*, Frankfurt del Meno, Ullstein, 1973, p. 352 [trad. cast.: *Memorias de un enfermo de nervios*, Madrid, Sexto Piso, 2008].

70. *Ibíd.*, p. 354.

La voz del mandato moral viene de la *exterioridad* interior. Ya aquella voz admonitoria que, en cuanto instancia moral, parece ser que Sócrates oía a menudo, viene de un demonio, de un «otro» siniestro.

También la razón de la que habla Kant se anuncia con una voz imperativa. La moralidad consiste en someterse por completo, en contra de la felicidad y de las inclinaciones de nuestros sentidos, a la ley moral, a la «voz de la razón», a la «voz celestial»,[71] la cual «también hace temblar al sacrílego». En Heidegger, en lugar de la voz de la razón aparece la «voz de la conciencia»,[72] que apela a la existencia a abordar «su posibilidad más propia de ser». También aquí a la voz le es inherente una exterioridad. En un pasaje de *Ser y tiempo*, Heidegger habla de la

> voz del amigo [...] que toda existencia comporta. Escuchar la voz del amigo —dice Heidegger— constituye incluso la apertura primaria y propia de la existencia a su posibilidad más propia de ser.[73]

¿Por qué llega la voz del amigo? ¿Por qué Heidegger llama al amigo precisamente donde se está hablando de la voz? *El amigo es el otro.* Heidegger necesita

71. I. Kant, *Kritik der praktischen Vernunft, Werke in 10 Bänden, op. cit.*, vol. 6, pp. 146 ss. [trad. cast.: *Crítica de la razón pura*, Madrid, Tecnos, 2004].

72. M. Heidegger, *Sein und Zeit, op. cit.*, p. 268.

73. *Ibíd.*, p. 263.

aquí del otro para darle a la voz una cierta trascendencia.

El Heidegger tardío convierte la voz en el medio del pensamiento en general. El pensamiento se pone a merced de una voz y deja que ella lo temple y lo defina *afinándolo*:

> Esta capacidad auditiva no solo guarda relación con el oído como órgano auditivo, sino también con la incardinación del hombre en aquello con lo cual está templado su ser. El hombre queda templado y afinado con aquello desde donde se define su ser. Quedando definido al ser templado y afinado, al hombre lo afecta y lo llama una voz que tanto más pura suena cuanto más silenciosamente entresuena a través de lo que emite sonido.[74]

La voz suena desde fuera, desde lo totalmente distinto, a merced de lo cual queda el pensar. La voz y la mirada son el medio en el que el ser se manifiesta como lo distinto de lo ente que, sin embargo, lo templa y afina y, *templándolo*, lo define. Así, Heidegger habla de la «mismidad de la voz y la imagen».[75] Del pensar forma parte el eros en cuanto aspiración a lo distinto:

74. M. Heidegger, *Der Satz vom Grund*, op. cit., p. 91.

75. Íd., *Erläuterungen zu Hölderlins Dichtung*, GA 4, Frankfurt del Meno, Vittorio Klostermann, 1991, pp. 168 s. [trad. cast.: *Aclaraciones a la poesía de Hölderlin*, Madrid, Alianza, 2005].

Es difícil expresar lo otro que, junto con el amor a ti, es inseparable de mi pensamiento, aunque sea de modo diferente. Lo llamo el Eros, el más antiguo de los dioses según dice Parménides. El aletazo de ese Dios me toca siempre que doy un paso esencial en mi pensamiento y me atrevo a entrar en lo no transitado.[76]

Pensar se tiene que encomendar a la negatividad de lo distinto y dirigir a lo todavía no hollado. De lo contrario, se degrada a una operación positiva que no hace otra cosa que proseguir con lo igual.

También para Paul Celan es constitutiva de la poesía aquella voz que viene del otro, de un *tú*. La poesía comienza cuando el lenguaje se convierte en voz sonora. Arranca con el encuentro con el otro:

¿Se recorren, pues, cuando se piensa en poemas, se recorren con los poemas tales caminos? ¿Son esos caminos solo caminos de rodeo, rodeos de ti mismo a ti mismo? Pero a la vez son también, sin duda, entre tantos otros caminos, caminos en los que el lenguaje encuentra su voz, son encuentros, caminos de una voz hacia un tú que atiende.[77]

76. *Briefe Martin Heideggers an seine Frau Elfriede 1915-1970*, Múnich, Deutsche Verlags-Anstalt, 2005, p. 264 [trad. cast.: *¡Alma mía! Martin Heidegger. Cartas a su mujer Elfride 1915-1970*, Buenos Aires, Manantial, 2008].

77. P. Celan, *Obras completas, op. cit.*, p. 509.

En la caja de resonancia digital, en la que uno sobre todo se oye hablar *a sí mismo*, desaparece cada vez más *la voz del otro*. A causa de la ausencia del otro, la voz del mundo de hoy es menos *sonora*. A diferencia del *tú*, el *ello* no tiene voz. El ello no dirige ninguna alocución ni ninguna mirada. La desaparición del interlocutor que tenemos *enfrente* hace que el mundo pierda la voz y la mirada.

La comunicación digital es muy pobre de mirada y de voz. Los enlaces y las interconexiones se entablan sin mirada ni voz. En eso se diferencian de las relaciones y los encuentros, que requieren de la voz y de la mirada. Es más, son experiencias especiales de la voz y de la mirada. Son *experiencias corporales*.

El medio digital resulta descorporalizador. Priva a la voz de su *aspereza* o de su «grano», de su corporalidad, es más, de la profundidad de sus concavidades, de sus músculos, mucosas y cartílagos. La voz es *tersada*. Se vuelve *transparente* en cuanto al significado. Se agota por completo en el *significante*. Esta voz tersa, incorpórea, transparente, no *seduce* ni suscita voluptuosidad. La seducción se basa en un *excedente de significantes* que no se puede reducir al significado. Busca la «voluptuosidad de los sonidos significantes» que no *significan* nada ni transmiten información. La seducción se produce en un espacio en el que los significantes circulan sin que los haya *puesto* el significado. El significado unívoco no seduce. Y el lugar de la voluptuosidad es la piel que se tensa sobre el sig-

nificado. Tampoco el secreto es simplemente un significado velado y oculto que haya que descubrir, sino
un excedente de significante que no se deja disolver
en el significado. No es desvelable, pues es —así se
podría decir también— el *velo mismo*.

El lenguaje de lo distinto

En la serie de imágenes de Jeff Koons *Easyfun-Ethe-real* todo tipo de artículos de consumo se acoplan unos con otros en la pantalla del ordenador formando imágenes coloridas. Pasteles, salchichas, granos de maíz, ropa interior y pelucas vuelan arremolinados mezclándose por el aire. Sus imágenes reflejan nuestra sociedad, que se ha convertido en unos grandes almacenes. Está abarrotada de cosas y de anuncios efímeros. Ha perdido toda alteridad, toda extrañeza. De este modo, tampoco es posible el asombro.

El arte de Jeff Koons, que se amalgama por completo con la cultura de consumo, sublima a este último convirtiéndolo en una figura de la redención. La escultura *Balloon Venus*, en postura de parto, da a luz a un nuevo redentor. En su vientre se encuentra una botella de champán Dom Pérignon Rosé, cosecha de 2003.

La «extrañeza del mundo» es para Adorno un factor del arte. Quien percibe el mundo de otro modo que no sea como algo extraño no lo percibe en absoluto. Al arte le es esencial una tensión de negatividad. De este modo, para Adorno no habría ningún arte que haga sentirse a gusto. La extrañeza en relación con el mundo es asimismo un factor de la filosofía. Dicha extrañeza es inherente incluso al *espíritu*. De este modo, el espíritu es, esencialmente, una *crítica*.

En la sociedad del «me gusta» todo se vuelve complaciente, incluso el arte. Hoy nos hemos olvidado de asombrarnos:

> Cuanto más densamente los seres humanos (que no son lo mismo que el espíritu subjetivo) tejen la red categorial, cuanto más pierden la costumbre del asombro por lo otro; la familiaridad hace que se engañen sobre lo extraño. El arte intenta subsanar esto débilmente, como si se cansara pronto. A priori, el arte asombra a los seres humanos.[78]

Hoy el mundo es sobrehilado con redes digitales que no toleran otra cosa que el espíritu subjetivo. A causa de ello ha surgido un campo visual familiar del que se ha eliminado toda negatividad de lo extraño y distinto, una caja de resonancia digital en la

78. T. W. Adorno, *Teoría estética*, Madrid, Akal, 2004, p. 218.

que el espíritu subjetivo ya solo se encuentra a sí mismo. En cierta manera, reviste el mundo de la retina propia.

La pantalla digital no permite ningún asombro. Con la creciente familiaridad se pierde toda capacidad de asombrarse, que es lo que infunde vida al espíritu. El arte y la filosofía tienen la obligación de revocar la traición a lo extraño, a aquello que es distinto del espíritu subjetivo, es decir, de liberar lo distinto de la red categorial del espíritu subjetivo, devolviéndole su *alteridad que causa extrañeza y produce asombro.*

El arte se caracteriza por su carácter enigmático:

> Al final, en el carácter enigmático mediante el cual el arte se contrapone con la mayor claridad a la existencia indudable de los objetos de acción pervive su propio enigma.[79]

El producto de la acción es un producto del sujeto de la acción, el cual no es capaz de asombrarse. Lo único que libera a las cosas de las coerciones del sujeto de la acción es la «observación sin violencia», la «cercanía en la distancia», es más, la *proximidad de la lejanía.* Lo bello solo se muestra a la mirada larga y contemplativa. Cuando el sujeto de la acción se retira, cuando se vence su ciego apremio al objeto, las

79. *Ibíd.*

cosas recuperan su alteridad, su enigma, su extrañeza, su misterio.

También para Celan el arte salvaguarda lo siniestro y desapacible. Causa un «salir de lo humano,
un salir a un ámbito dirigido a lo humano e insólito».[80]
El arte —y en eso consiste su existencia paradójica— tiene su hogar en lo inhóspito. Las imágenes
poéticas son figuraciones en un sentido privilegiado, como formas introducidas. Son «imaginaciones
(resultado de meter algo en imágenes), incrustacio-
nes en las que se puede avistar lo extraño en el aspecto de lo familiar».[81] A la poesía le es inherente una
oscuridad.

La poesía da testimonio de la presencia de lo
ajeno que se custodia en ella. Es la «oscuridad con-
génita, la oscuridad adherida a la poesía en función
de que se produzca un encuentro».[82] La figuración
poética que introduce formas, la imaginación poética configura lo ajeno dentro de lo igual. Cuando
lo ajeno no se incluye, entonces se prosigue con lo
igual. En el infierno de lo igual la imaginación poética está muerta. Peter Handke se refiere a Celan
cuando anota: «La gran imaginación… pasa de largo,
pero se encarga de las inclusiones capaces de ser
eliminadas».[83] A causa de las inclusiones que hace de

80. P. Celan, *Obras completas, op. cit.*, p. 502.
81. M. Heidegger, *Conferencias y artículos, op. cit.*, p. 175.
82. P. Celan, *Obras completas, op. cit.*, p. 505.
83. P. Handke, *Die Geschichte des Bleistifts*, Frankfurt del Meno,

lo ajeno, la imaginación desestabiliza lo igual, la *identidad del nombre*: «La imaginación me penetra (a), me transforma en nadie (b) y me convierte en hablante (c)».[84] El poeta como hablante anónimo, como si no fuera nadie, habla *en el nombre del otro, de lo totalmente distinto*.

El arte presupone la transcendencia de sí mismo. Quien tiene en mente el arte, se ha olvidado de sí mismo. El arte crea una «lejanía del yo». Olvidado de sí mismo, se dirige hacia lo inhóspito y extraño: «Tal vez —solo pregunto—, tal vez la poesía, como el arte, se dirige, con un yo olvidado de sí mismo, hacia aquello insólito y extraño».[85]

Hoy ya no vivimos poéticamente en la tierra. Nos acondicionamos en la zona digital, donde nos sentimos a gusto. Somos cualquier otra cosa que anónimos u olvidados de nosotros mismos. La red digital habitada por el ego ha perdido por completo todo lo ajeno, todo lo inhóspito. El orden digital no es poético. Dentro de él nos movemos en el espacio numérico de lo igual.

La hipercomunicación actual reprime los espacios libres de silencio y de soledad, que son los únicos en los que sería posible decir cosas que realmente merecieran ser dichas. Reprime el *lenguaje*, del que

Suhrkamp, 1985, p. 353 [trad. cast.: *Historia del lápiz: materiales sobre el presente*, Barcelona, Península, 1991].

84. *Ibíd.*, p. 346.
85. P. Celan, *Obras completas, op. cit.*, p. 503.

forma parte esencial el silencio. El lenguaje se eleva desde un *silencio*. Sin silencio, el lenguaje ya es ruido. A la poesía —dice Celán— le es inherente una «fuerte propensión a enmudecer». El ruido de la comunicación vuelve imposible *estar a la escucha*. En cuanto principio poético, la *naturaleza* solo se descubre gracias a la pasividad primordial que implica estar a la escucha:

> Sobre esa frase de Hiperión que se repite en vista de la naturaleza «Todo mi ser enmudece y está a la escucha»: en efecto, el ser que enmudece tiene que ver con la actitud de «estar a la escucha», y no con «mirar».[86]

El escritor francés Michel Butor constata una crisis contemporánea de la literatura y la concibe como una crisis del espíritu:

> Hace diez o veinte años que ya no sucede casi nada en la literatura. Hay un aluvión de publicaciones, pero un parón intelectual. La causa es una crisis de comunicación. Los nuevos medios de comunicación son admirables, pero causan un ruido tremendo.[87]

Hoy, la voz silenciosa del otro zozobra en el ruido de lo igual. En último término, la crisis de la litera-

---

86. P. Handke, *Die Geschichte des Bleistifts, op. cit.*, p. 352.
87. Entrevista para *ZEIT* del 12 de julio de 2012.

tura se explica en función de la expulsión de lo distinto.

La poesía y el arte están de camino a lo *distinto*. Su rasgo esencial son las ansias de lo distinto. En su discurso «El meridiano», Celan refiere la poesía expresamente al otro:

> Pienso […] que desde antaño siempre pertenece a las esperanzas del poema […] hablar […] en nombre de una causa *ajena* […] quién sabe si de otro *totalmente Otro*.[88]

El poema solo acontece en el encuentro con otro, en el misterio del encuentro, en presencia de un prójimo que esté enfrente:

> El poema quiere ir hacia algo Otro, necesita ese Otro, necesita un interlocutor. Se lo busca, se lo asigna. Cada cosa, cada hombre es para el poema que mantiene el rumbo hacia ese Otro una forma de ese Otro.[89]

No solo todo hombre, también toda cosa es un prójimo que está enfrente. El poema llama también a una cosa, se la encuentra en lo que ella tiene de alteridad y entabla una relación dialógica con ella. Al poema todo se le manifiesta como un *tú*.

---

88. P. Celan, *Obras completas, op. cit.*, p. 505.
89. *Ibíd.*, p. 506.

De la percepción y la comunicación actuales desaparece cada vez más el prójimo que tenemos enfrente, por cuanto él representa la presencia del otro. El prójimo que tenemos enfrente se degrada cada vez más a mero espejo en el cual uno se refleja. Toda la atención se centra en el ego. La tarea del arte y de la poesía viene a consistir en hacer que la percepción *deje de espejar*, en abrirla al prójimo que tenemos enfrente, al otro, a lo distinto. La política y la economía actuales centran la atención en el ego. La atención se pone al servicio de una autoproducción. Cada vez se la retira más de lo distinto y se la reconduce al ego. Hoy competimos despiadadamente por la atención. Somos, los unos para los otros, escaparates que pugnan por acaparar la atención.

La *poética* de Celan de la atención se contrapone a la *economía* actual de la atención. Se consagra exclusivamente a lo distinto: «La atención —permítanme citar aquí unas palabras de Malebranche que Walter Benjamin menciona en su ensayo sobre Kafka—, la atención es la oración natural del alma».

El alma siempre está en actitud orante. Está a la búsqueda. Es una plegaria de súplica al otro, a lo completamente distinto. También para Lévinas estar atento significa un «excedente de conciencia que supone la llamada del Otro. Ser atento es reconocer el señorío del otro».[90]

90. E. Lévinas, *Totalidad e infinito*, Salamanca, Sígueme, 2002, p. 196.

Hoy, la economía de la atención desplaza tanto a la poética de la atención como a la ética de la atención extinguiéndolas. Traiciona lo distinto. La economía de la atención totaliza el tiempo del yo. Por el contrario, la poética de la atención descubre el tiempo propio y más específico de lo distinto, *el tiempo de lo distinto*. Deja «expresarse también lo que a él, al otro, le es más propio: su tiempo».[91]

El poema busca la conversación con el otro:

> El poema se convierte [...] en poema de quien —todavía— percibe, que está atento a lo que aparece, que pregunta y habla a eso que aparece. Se hace diálogo; a menudo es un diálogo desesperado.[92]

El poema es un acontecimiento dialógico. La comunicación actual es fuertemente narcisista. Se produce sin ningún *tú*, sin invocar al otro. En el poema, por el contrario, yo y tú se engendran mutuamente:

> Solo en el espacio de este diálogo se constituye lo interpelado, se concentra alrededor del yo que interpela y denomina. A esa presencia, lo interpelado, que gracias a la denominación ha devenido un Tú, trae su alteridad.[93]

91. P. Celan, *Obras completas, op. cit.*, p. 507.
92. *Ibíd.*
93. *Ibíd.*

La comunicación actual no tolera *decir tú*, llamar *al otro*. La invocación del otro como tú presupone una «distancia original».[94] Precisamente la comunicación digital tiene como objetivo destruir toda distancia. Con medios digitales hoy tratamos de aproximarnos al otro tanto como sea posible. Pero no por ello el otro nos enriquece más con su presencia virtual. Más bien lo hacemos desaparecer.

Además, invocar al otro como tú no carece de riesgo. Hay que estar dispuesto a exponerse a la alteridad y extrañeza del otro. Los «factores de tú» que hay en el otro son reacios a todo aseguramiento.

> Arrastran peligrosamente hasta el extremo, hacen que la coyuntura acrisolada se vuelva laxa, dejan tras de sí más preguntas que satisfacción, hacen que la seguridad vacile, y son desapacibles y siniestros, pero también son indispensables.[95]

La comunicación actual aspira a eliminar del otro aquellos «factores del tú» y a ponerlo en un mismo nivel con el «ello», concretamente, haciéndolo igual.

94. Cf. M. Buber, *Urdistanz und Beziehung*, Heidelberg, Schneider, 1978 [trad. cast.: *Diálogo. Elementos de lo interhumano. Distancia originaria y relación*, Zaragoza, Riopiedras, 1997].

95. Cf. Íd., *Yo y tú*, Barcelona, Herder, en prensa.

El pensamiento del otro

Ser sí mismo no significa simplemente ser libre.
El yo es también una carga y un peso. Ser sí mismo significa estar cargado consigo mismo. Sobre el
carácter de carga que implica ser sí mismo escribe
Lévinas:

> En las descripciones psicológicas y antropológicas, esta
> condición se traduce en el hecho de que el *yo* está fi-
> jado a sí mismo, de que la libertad del *yo* no es ligera
> como la gracia, sino en sí misma gravedad, de que el
> yo es irremediablemente sí mismo.[96]

El pronombre reflexivo «sí» *(soi)* significa que el yo
está encadenado a un doble gravoso y pesado, que
el yo está cargado con un peso, con un sobrepeso
del cual no puede librarse durante todo el tiempo

96. E. Lévinas, *El tiempo y el otro*, Barcelona, Paidós, 1993, pp. 93-94.

de su existencia. Esta constitución existencial se expresa como «fatiga» *(fatigue)*. La fatiga tiene

> su sede no solo en una mano que suelta el peso que ha
> levantado con esfuerzo, sino en una mano que sigue
> apegada a lo que suelta incluso después de haberlo
> abandonado.[97]

La depresión se puede entender como un desarrollo patógeno de esta ontología *moderna* del sí mismo.
Tal como lo expresa Alain Ehrenberg, la depresión
es la *Fatigue d'être soi*, «la fatiga de ser sí mismo». En
las relaciones neoliberales de producción aquella
carga ontológica se incrementa hasta lo desmesu-
rado. La maximización de la carga tiene en último
término el objetivo de maximizar la productividad.

La existencia de la que habla Heidegger nunca
se cansa. Lo que domina su ontología del sí mismo
es la capacidad infatigable, el énfasis del poder ser sí
mismo. Heidegger incluso concibe la muerte como
una *posibilidad* privilegiada de asumir el sí mismo.
Cara a cara frente a la muerte se despierta un «yo
soy» enfático. De manera consecuente, para Lévinas
la muerte se manifiesta como un «poder no poder»,
como una pasividad radical. La muerte es la *imposibilidad* por excelencia. La muerte se anuncia como

97. Íd., *Vom Sein zum Seienden*, Friburgo y Múnich, Karl Alber,
1997, p. 40.

aquel acontecimiento en vista del cual el sujeto renuncia a todo heroísmo del sí mismo, a toda capacidad, a toda posibilidad, a toda iniciativa:

> En ese sufrimiento en cuyo interior hemos observado esa vecindad de la muerte —y aún en el plano del fenómeno— se produce la conversión de la actividad del sujeto en pasividad.[98]

Ese «poder no poder» cara a cara frente a la muerte es similar a la relación con el otro, a la que Lévinas llama «eros». Según Lévinas, el eros, «tan fuerte como la muerte», es una relación con el otro «que jamás consistirá en considerar una posibilidad».[99] Es precisamente la pasividad del «poder no poder» lo que abre el acceso al otro.

«Poder» es el *verbo modal del yo* por excelencia. Esa totalización de la capacidad a la que hoy fuerzan las relaciones neoliberales de producción vuelven al yo ciego para el otro. Conducen a una expulsión del otro. El *burnout* o «síndrome del trabajador quemado» y las depresiones son los desiertos que deja tras de sí la capacidad destructiva.

El «poder no poder» se expresa como una fatiga distinta, como una *fatiga para el otro*. Ya no es una fatiga del yo. Así es como Lévinas, en lugar de *fatigue*,

---

98. E. Lévinas, *El tiempo y el otro, op. cit.*, p. 113.
99. *Ibíd.*, p. 117.

«fatiga», habla de *lassitude*, «laxitud». La «laxitud primordial» *(lassitude primordiale)*[100] designa una pasividad radical que es reacia a toda iniciativa del yo. Introduce el *tiempo del otro*. La *fatigue*, «fatiga», surge, por el contrario, del *tiempo del sí mismo*. La laxitud primordial abre aquel espacio inasequible a toda capacidad, a toda iniciativa. Soy débil frente al otro. Soy débil para el otro. Precisamente en esta *debilidad metafísica* del «poder no poder» se despiertan unas ansias y un deseo del otro. El otro solo se anuncia mediante una brecha en el ser en cuanto «ser sí mismo», solo se anuncia por medio de una *debilidad óntica*. Incluso aunque el sujeto tenga satisfechas todas las necesidades sigue en la búsqueda del otro. Las necesidades se refieren al yo, mientras que la órbita del deseo queda fuera del yo. El deseo está liberado de la gravitación del «*sí mismo*», que arrastra al yo cada vez más profundamente dentro de sí.

El eros es lo único que está en condiciones de liberar al yo de la depresión, de quedarse enredado en sí mismo de manera narcisista. Viéndolo así, *el otro* es una fórmula redentora. El eros que me arranca de mí mismo y me embelesa con el otro llevándome a él es lo único que puede vencer la depresión. El sujeto que al verse forzado a aportar rendimien-

<hr />

100. E. Lévinas, *Jenseits des Seins oder anders als Sein geschieht*, Friburgo-Múnich, Karl Alber, 1992, p. 124 [trad. cast.: *De otro modo que ser o más allá de la esencia*, Salamanca, Sígueme, 2011].

tos cae en depresiones está totalmente desvinculado del otro. Las ansias y el deseo del otro, es más, la *vocación* del otro o la «conversión» al otro,[101] serían un antidepresivo metafísico que rompe la cáscara narcisista del yo.

Según Lévinas, encontrarse con un hombre significa «que un enigma nos mantiene en vela».[102] Hoy hemos perdido esta experiencia del otro como enigma o como misterio. El otro queda sometido por completo a la teleología del provecho, del cálculo económico y de la valoración. Se vuelve *transparente*. Se lo degrada a objeto económico. *El otro en cuanto enigma*, por el contrario, es inasequible a todo aprovechamiento.

El amor presupone siempre una alteridad, pero no solo la alteridad del otro, sino también la alteridad de uno mismo. La dualidad de la persona es constitutiva del amor a sí mismo:

> ¿En qué consiste el amor si no en entender y alegrarse de que haya otro que viva, actúe y sienta de forma distinta e incluso opuesta a como lo hacemos nosotros? Para que el amor franquee las oposiciones valiéndose de la alegría es necesario que no las elimine, que no las

101. *Ibíd.*, p. 121.
102. E. Lévinas, *Die Spur des Anderen. Untersuchungen zur Phänomenologie und Sozialphilosophie*, Friburgo-Múnich, Karl Alber, 1983, p. 120.

niegue. Incluso el amor a sí mismo implica como condición previa la dualidad (o pluralidad) no miscible en
una misma persona.[103]

Cuando toda dualidad se ha extinguido uno se ahoga en sí mismo. Cuando falta toda dualidad uno se
fusiona consigo mismo. Esta fusión nuclear narcisista resulta mortal. También Alain Badiou designa
el amor «escenario de dos».[104] El amor hace posible
volver a crear el mundo desde la perspectiva del otro
y abandonar lo habituado. Es un acontecimiento que
hace que comience algo totalmente distinto. Hoy,
por el contrario, habitamos el *escenario del uno*.

En vista de ese ego patológicamente hipertro-
fiado que las relaciones neoliberales de producción
cultivan y explotan para incrementar la productividad,
resulta necesario volver a considerar la vida partiendo del otro, desde la relación con el otro, otorgándole
al otro una prioridad ética, es más, aprendiendo de
nuevo el lenguaje de la responsabilidad, *escuchando
y respondiendo al otro*. Para Lévinas, el lenguaje como
«decir» *(dire)* no es otra cosa que la «responsabilidad

103. F. Nietzsche, *Menschliches, Allzumenschliches II, Kritische Ge-*
samtausgabe, vol. IV 3, Berlín-Nueva York, de Gruyter, 1967, p. 408 [trad.
cast.: *Humano, demasiado humano. Segundo volumen*, Madrid, Akal, 1998].

104. A. Badiou, *Lob der Liebe. Ein Gespräch mit Nicolas Truong*,
Viena, Passagen, 2011, p. 39 [trad. cast.: *Elogio del amor*, Madrid, La
Esfera de los Libros, 2011].

de uno para con otro».[105] Aquel «lenguaje original» en cuanto lenguaje del otro se pierde hoy en medio del ruido de la hipercomunicación.

105. E. Lévinas, *Jenseits des Seins oder anders als Sein geschieht*, *op. cit.*, pp. 29 ss.

Escuchar

En el futuro habrá, posiblemente, una profesión que se llamará *oyente*. A cambio de pago, el oyente escuchará a otro atendiendo a lo que dice. Acudiremos al oyente porque, aparte de él, apenas quedará nadie más que nos escuche. Hoy perdemos cada vez más la capacidad de escuchar. Lo que hace difícil escuchar es sobre todo la creciente focalización en el ego, el progresivo narcisismo de la sociedad. Narciso no responde a la amorosa voz de la ninfa Eco, que en realidad sería la voz del otro. Así es como se degrada hasta convertirse en repetición de la voz propia.

Escuchar no es un acto pasivo. Se caracteriza por una actividad peculiar. Primero tengo que dar la bienvenida al otro, es decir, tengo que afirmar al otro en su alteridad. Luego atiendo a lo que dice. Escuchar es un prestar, un dar, un don. Es lo único que le ayuda al otro a hablar. No sigue pasivamente el discurso del otro. En cierto sentido, la escucha antecede al habla. Escuchar es lo único que hace que el otro hable. Yo ya escucho antes de que el otro hable, o escucho para que el otro hable. La escucha invita al otro a hablar, liberándolo para su alteridad. El oyente es una caja de resonancia en la que el otro *se libera hablando*. Así, escuchar puede tener para el otro efectos salutíferos.

Elias Canetti eleva a Hermann Broch a la categoría de oyente ideal que escucha desinteresadamente al otro *prestándole* atención. Su silencio, que brinda hospitalidad y escucha, invita al otro a *liberarse hablando*:

Uno podía decir cualquier tipo de cosas: Broch no rechazaba nada ni hacía ninguna reprimenda. Uno solo se sentía temeroso mientras todavía no había acabado de decir algo por completo. Mientras que, por lo común, en ese tipo de conversaciones se llega a un punto donde con un respingo súbito uno se dice a sí mismo «¡Alto! ¡Hasta aquí y no más!», porque la revelación que uno hubiera deseado empieza a resultar peligrosa —¿pues cómo vuelve uno después a recobrarse y cómo habrá de volver a quedarse solo en adelante?—, con Broch este lugar y este momento no los había, nada mandaba detenerse, en ninguna parte topaba uno con señales de aviso ni con líneas rojas, uno seguía avanzando a trompicones, más rápidamente, y estaba como ebrio. Sobrecoge experimentar cuántas cosas puede decir uno sobre sí mismo. Cuanto más se arriesga y se pierde, tanto más refluye después.[106]

El silencio de Broch es amigable, es más, hospitalario. Se retira por completo para dejar espacio al otro. Se vuelve todo oídos sin la molesta boca.

El silencio de Broch es un silencio hospitalario, que se distingue del silencio de un analítico, que oye todo lo que el otro cuenta y toma nota de ello en lugar de atender a lo que dice. El oyente hospitalario se vacía haciéndose una caja de resonancia para el otro que lo redime devolviéndolo a él mismo. La escucha puede bastarse a sí misma para sanar.

Según Canetti, el silencio del oyente solo «era interrumpido por unos pequeños pero perceptibles gemidos que atestiguaban que a uno no solo lo escuchaban, sino que lo acogían, como si con cada frase que uno pronunciaba entrara en una casa y se acomodara ceremoniosamente». Estos pequeños sonidos respiratorios son signos de hospitalidad, un *alentar* que no precisa emitir juicios. Son una reacción mínima, pues palabras y frases elaboradas del todo ya serían un juicio y equivaldrían a un posicionamiento. Canetti señala un peculiar «refrenamiento» que equivale a no juzgar. El oyente se guar-

106. E. Canetti, *Das Augenspiel. Lebensgeschichte 1931-1937*, Múnich, Carl Hanser, 1985, p. 36 [trad. cast.: *El juego de ojos*, México, Debolsillo, 2011].

da de juzgar, como si todo juicio equivaliera a un prejuicio que supusiera una traición al otro.

El arte de escuchar se desarrolla como un arte respiratorio. La acogida hospitalaria del otro es un inspirar que, sin embargo, no se anexiona al otro, sino que lo alberga y lo protege. El oyente se vacía. Se vuelve nadie. Este vacío es lo que constituye su amabilidad: «Parecía acoger lo más dispar para custodiarlo».[107]

La actitud responsable del oyente hacia el otro se manifiesta como *paciencia*. La *pasividad de la paciencia* es la primera máxima de la escucha. El oyente se pone a merced del otro sin reservas. *Quedar a merced* es otra máxima de la ética de la escucha. Es lo único que impide que uno *se complazca de sí mismo*. El *ego* no es capaz de escuchar. El espacio de la escucha como caja de resonancia del ego se abre cuando el ego queda en suspenso. En lugar del ego narcisista aparece una obsesión del otro, unas ansias del otro.

La preocupación del oyente es por el otro, a diferencia de esa prestación de asistencia de la que habla Heidegger, que es una asistencia a sí mismo. Canetti quiere escuchar a otros porque se preocupa por ellos. La escucha es lo único que ayuda a hablar a los demás:

107. *Ibíd.*, p. 32.

Lo más importante es hablar con desconocidos. Pero hay que arreglárselas para que sean ellos quienes hablen, y todo lo que uno mismo tiene que hacer es hacerles hablar. Cuando eso a uno ya no le resulta posible, ha comenzado la muerte.[108]

Esta muerte no es *mi* muerte, sino la muerte del otro. Mi discurso, mi juicio, incluso mi entusiasmo siempre hace que algo muera en el otro.

Deja que cada uno hable: tú no hables, porque tus palabras les quitan a los hombres su figura. Tu entusiasmo difumina sus fronteras: cuando tú hablas ellos ya no se conocen a sí mismos, sino que son tú.[109]

La cultura del «me gusta» rechaza toda forma de vulneración y conmoción. Pero quien pretenda sustraerse por entero a la vulneración no experimentará nada. A toda experiencia profunda, a todo conocimiento profundo le es inherente la negatividad de la vulneración. El mero «me gusta» es el grado absolutamente nulo de la experiencia. Elias Canetti distingue entre dos tipos de espíritus: «Los que se instalan en sus heridas y los que se instalan en sus

108. E. Canetti, *Die Provinz des Menschen. Aufzeichnungen 1942-1972*, Múnich, Carl Hanser, 1970, p. 307 [trad. cast.: *La provincia del hombre*, Madrid, Taurus, 1986].

109. Íd., *Die Fliegenpein. Aufzeichnungen*, Múnich, Carl Hanser, 1992, p. 64 [trad. cast: *El suplicio de las moscas*, Madrid, Anaya, 1994].

casas».[110] La herida es la apertura por la que entra el otro. Es también el oído que se mantiene abierto para el otro. Quien solo se instala dentro de sí mismo, quien se encierra en casa, no es capaz de escuchar. La casa protege al ego de la irrupción del otro. La herida rompe la intimidad casera y narcisista abriéndola. Pasa a ser una puerta abierta para el otro.

En la comunicación analógica tenemos por lo general un destinatario concreto, un interlocutor personal. La comunicación digital, por el contrario, propicia una comunicación expansiva y despersonalizada que no precisa interlocutor personal, mirada ni voz. Por ejemplo, constantemente estamos enviando mensajes por Twitter. Pero no van dirigidos a una persona concreta. No *se refieren* a nadie en concreto. Los medios sociales no fomentan forzosamente la cultura de la discusión. A menudo los manejan las pasiones. Las *shitstorms** o los «linchamientos digitales» constituyen una avalancha des-

---

110. *Íd.*, *Die Provinz des Menschen. Aufzeichnungen* 1942-1972, *op. cit.*, p. 314.

* Esta expresión («tormenta de mierda», literalmente) ya ha sido empleada por el autor en *En el enjambre* (Herder, 2014, p. 15) y en *Psicopolítica* (Herder, 2014, p. 67) para significar las «tormentas» de indignación que en los últimos años se han desatado por diferentes motivos en distintas redes y medios de internet (entre otros en Facebook, en Twitter y en los apartados de los artículos publicados en la edición digital de los periódicos, destinados a los comentarios de los lectores). *(N. del E.)*

controlada de pasiones que no configura ninguna esfera pública.

De la red obtengo información, y para ello no tengo que dirigirme a ningún interlocutor personalmente. Para obtener información o productos no tengo que desplazarme al espacio público. Más bien, hago que la información y los productos vengan a mí. La comunicación digital me interconecta y al mismo tiempo me aísla. Destruye la distancia, pero la falta de distancia no genera ninguna cercanía personal.

Sin la presencia del otro, la comunicación degenera en un intercambio acelerado de información. No entabla ninguna *relación*, solo una *conexión*. Es una comunicación sin *vecino*, sin ninguna *cercanía* vecinal. Escuchar significa algo totalmente distinto que intercambiar información. Al escuchar no se produce ningún intercambio. Sin vecindad, sin escucha, no se configura ninguna comunidad. *La comunidad es el conjunto de oyentes.*

En Facebook no se mencionan problemas que pudiéramos abordar y comentar en común. Lo que se emite es sobre todo información que no requiere discusión y que solo sirve para que el remitente se promocione. Ahí no se nos ocurre pensar que el otro pueda tener preocupaciones ni dolor. En la comunidad del «me gusta» uno solo se encuentra a sí mismo y a quienes son como él. Ahí tampoco resulta posible ningún *discurso*. El espacio político es un espacio en el que yo me encuentro con otros, hablo con otros y los escucho.

La escucha tiene una dimensión política. Es una acción, una participación activa en la existencia de otros, y también en sus sufrimientos. Es lo único que enlaza e intermedia entre hombres para que ellos configuren una comunidad. Hoy oímos muchas cosas, pero perdemos cada vez más la capacidad de escuchar a otros y de atender a su lenguaje y a su sufrimiento. Hoy, de alguna manera, cada uno se queda a solas con sus sufrimientos y sus miedos. El sufrimiento se privatiza y se individualiza, pasando a ser así objeto de una terapia que trata de curar el yo y su psique. Todo el mundo se avergüenza, pero cada uno se culpa solo a sí mismo de su endeblez y de sus insuficiencias. No se establece ningún enlace entre mi sufrimiento y tu sufrimiento. Se pasa por alto la *sociabilidad del sufrimiento*.

La estrategia de domino consiste hoy en privatizar el sufrimiento y el miedo, ocultando con ello su sociabilidad, es decir, impidiendo su *socialización*, su *politización*. La politización significa la transposición de lo privado a lo público. Lo que hoy sucede es más bien que lo público se disuelve en lo privado. La esfera pública se desintegra en esferas privadas.

La voluntad política de configurar un espacio público, una comunidad de la escucha, el *conjunto político de oyentes*, está menguando radicalmente. La interconexión digital favorece este proceso. Internet no se manifiesta hoy como un espacio de la acción común y comunicativa. Más bien se desintegra en espacios expositivos del yo, en los que uno hace publicidad sobre todo de sí mismo. Hoy internet no es otra cosa que una caja de resonancia del yo aislado. Ningún anuncio escucha.

Partiendo de *Momo*, de Michael Ende, se puede elaborar una ética de la escucha. Lo que caracteriza a Momo es, en primer lugar, una riqueza temporal: «Al fin y al cabo, el tiempo era lo único en lo que Momo era rica». El tiempo de Momo es un tiempo especial. Es el tiempo del otro, el tiempo que ella da a los otros escuchándolos. Momo se asombra de su capacidad de escuchar. Se presenta como *oyente*:

> Lo que Momo podía hacer mejor que nadie era escuchar. Eso no es nada particular, dirá quizá algún que otro lector, escuchar es algo que puede hacer cualquiera. Pero eso es un error. Escuchar de verdad es algo que solo muy pocos hombres pueden hacer. Y el modo en que Momo sabía escuchar era singular.

Momo se queda sentada y se limita a escuchar. Pero su escucha opera milagros. Hace que a los hombres se les ocurran cosas que por sí mismos no habrían imaginado jamás. Su escucha recuerda realmente a la hospitalaria escucha de Hermann Broch, que liberaba a los demás para sí mismos:

Ella se quedaba mirando al otro con sus grandes ojos oscuros, y el otro en cuestión sentía cómo de pronto se le ocurrían unos pensamientos de los que jamás hubiera sospechado que estuvieran guardados en él. Podía escuchar de tal modo que gente desorientada o irresuelta sabía de repente qué era exactamente lo que quería. O que tímidos de pronto se sentían libres e intrépidos. O que desdichados y agobiados se volvían confiados y alegres. Y si alguien pensaba que su vida estaba malograda y era irrelevante y que él mismo no era más que uno entre millones, uno que no cuenta y al que se puede reemplazar tan rápidamente como una maceta rota, e iba y le contaba todo esto a la pequeña Momo, entonces, mientras estaba hablando, de una manera misteriosa le resultaba claro que estaba totalmente equivocado, que alguien como él, exactamente tal como era, solo existía una vez entre todos los hombres, y que por eso era importante para el mundo de una manera especial. ¡Así es como Momo podía escuchar!

La escucha le devuelve a cada uno lo *suyo*. Momo dirime disputas solo a base de escuchar. La escucha reconcilia, sana y redime:

Otra vez, un niño pequeño le llevó su canario, que no quería cantar. Aquello resultó una tarea demasiado ardua para Momo. Tuvo que escucharlo una semana entera hasta que finalmente empezó a cantar y a silbar de nuevo.

La alborotadora sociedad del cansancio es sorda. A diferencia de ella, la sociedad venidera podría llamarse una *sociedad de los oyentes y de los que atienden*. Hoy es necesaria una *revolución temporal* que haga que comience un tiempo totalmente distinto. Se trata de redescubrir el *tiempo del otro*. La actual crisis temporal no es la aceleración, sino la totalización del *tiempo del yo*. El tiempo del otro no se somete a la lógica del incremento del rendimiento y la eficiencia, la cual genera una presión para acelerar. La política temporal neoliberal elimina el tiempo del otro, que por sí mismo sería un tiempo improductivo. La totalización del tiempo del yo viene acompañada de la totalización de la producción, que hoy abarca todos los ámbitos vitales y conduce a una explotación total del hombre. La política temporal neoliberal elimina también el tiempo de la fiesta, el sublime tiempo nupcial, que no se somete a la lógica de la producción. Conduce a la *eliminación de la producción*. A diferencia del tiempo del yo, que nos aísla y nos individualiza, el tiempo del otro crea una *comunidad*. Por eso es un *tiempo bueno*.